U0113271

一带一路 丝绸之路：

神话·宗教·媒介·哲学

颜亮◎著

金城出版社

GOLD WALL PRESS

图书在版编目（CIP）数据

一带一路　丝绸之路：神话·宗教·媒介·哲学 /
颜亮著 . —北京：金城出版社，2017. 7

ISBN 978-7-5155-1501-4

Ⅰ . ①一… Ⅱ . ①颜… Ⅲ . ① "一带一路" – 国际合
作 – 研究②丝绸之路 – 研究　Ⅳ . ① F125 ② K928.6

中国版本图书馆 CIP 数据核字（2017）第 168356 号

一带一路　丝绸之路：神话·宗教·媒介·哲学

作　　者	颜亮
责任编辑	王秋月
开　　本	710 毫米 × 1000 毫米　1/16
印　　张	10.25
字　　数	118 千字
版　　次	2017 年 8 月第 1 版　2017 年 8 月第 1 次印刷
印　　刷	北京市金星印务有限公司
书　　号	ISBN 978-7-5155-1501-4
定　　价	36.00 元

出版发行	**金城出版社**　北京市朝阳区利泽东二路 3 号　100102
发 行 部	（010）84254364
编 辑 部	（010）84250838
总 编 室	（010）64228516
网　　址	http://www.jccb.com.cn
电子邮箱	jinchengchuban@163.com
法律顾问	陈鹰律师事务所（010）64970501

目　录

前　言

　　丝绸之路历来是世界认识中国的重要途径，大视野下的丝绸之路，并非只是一条古老的道路，也并非只是一条书写经营与商业的道路，而是千年历史维度中，中西文化相互影响、文化传播，彼此视界融合的文明进程之路。这条路所构建的是一个文化上的生态环境与文明景观，所有轴心时代产生的文明关怀与文化生产，都以丝绸之路这一媒介完成最终的世界性传播与文明交汇。

　　从时间偏向性看，哲人雅斯贝尔斯有一个很著名的命题——轴心时代。公元前800年至公元前200年之间，属于人类文明的轴心时代，这段时期是中西方人类文明精神的重大突破时期。各个国家、地域、民族的文明都出现了物质与精神双重性的昌达，很多伟大的人类导师，如古希腊的苏格拉底、柏拉图、亚里士多德，以色列的犹太教的先知们，古印度的释迦牟尼，中国的孔子、老子，所有的思想本原，塑造了差异性的文化传统，却一直影响着人类的精神寄居。而且更重要的是，从地理偏向性看，中国、印度、中东、希腊，千山万水

相隔，但在轴心时代的文化却显现出诸多相通的地方。这种精神性内质的相通，最终恰恰是以夹带着精神的物质，通过丝绸之路，完成古国文明之间的碰撞与融合。于阗古国是古代西域王国之一，中国唐代都护府安西四镇之一。历史上产美玉，亦产文化美玉，其建国神话隐藏着美轮美奂的寓言，也渗透着历史的真实密码。中原大地佛教的本原，一定程度上仰仗于阗王国小西天的佛教文化输出。而于阗与印度、吐蕃也因宗教文化结缘，我国藏族历史上的吐蕃时期，佛教以集聚效应输入藏地，最终成为我国五十六个民族之一——藏族的文化瑰宝，也成为我中华民族多元一体化的"元"构建要素之一。

《一带一路　丝绸之路：神话·宗教·媒介·哲学》一书，分别从神话、宗教、媒介、哲学四个方面探讨丝绸之路沿线历史文化遗存，多学科交叉运用与研究，使其阐述有别于以往有关丝绸之路文化方面的著作，在注重西北少数民族文献的同时，神话学、文化人类学，中西哲学，甚至前沿性的后现代理论，都被借助用于研究与论述丝路沿线的民族历史文化问题。

本书的出版得到了西北民族大学 2016 年中央高校立项项目（编号 Yxm2016003）的支持，也得到了诸位编辑老师细致入微的支持与协助，从完善书稿到认真校对，编辑老师付出了诸多辛劳，保证了书稿的出版质量，在此鞠躬致谢。对于能继续进行学习与深造，要感恩我的导师尹伟先博士、历史文化学院院长段小强、历史文化学院副院长夏春峰，以及诸多学路结缘惜缘的老师们，在我求学过程中诸位师长，给予了我有如重造的恩德，在此鞠躬感念帮助与关爱。此外，感谢所有我的家人，在我而立已过，学途过程中，无怨无悔的付出。感恩此番因缘和合之遇，一路扶持我的山东吾叔陈茂金。也感谢同窗纯

良之友们，我的诸位师弟师妹，幸之所遇，犹马助力，竭力相助，此
生富足之事。

颜亮

2016 年年末

第一编

丝绸之路·神话

于阗起源神话的阐释 [1]

神话在世界各国各民族的本源性讨论中，历来处于一个关键位置，其外在的语言表述往往隐含着繁复的哲学内涵以及差异性的逻辑表述，德国学者卡西尔、谢林都曾在自己的著作中深入论述过神话哲学的相关问题。作为西域古国、古丝绸之路的要冲以及享有小西天美誉的于阗国而言，神话必不可少成为构建古国起源的表达范式之一，同时也恰如其分地构建出了于阗建国神话的"元语言"，正如英国学者哈特曼（R·R·K·Hartmann）和斯托克（F·C·Stork）所述的元语言："指用来分析和描写另一种语言（被观察的语言或对象语言）的语言或一套符号，如用来解释一个词的词或外语教学中的本族语。" [2] 于阗的本族语神话凸显出原型模式特征，具有自身特性结构，又是一种文化系统，整个系统中蕴含着象征、转换、凝聚、

---

① 西北民族大学 2016 年中央高校立项项目成果，项目编号（Yxm2016003）。

② ［英］哈特曼、斯托克：《语言与语言学词典》，黄长著等译，上海：上海辞书出版社，1984 年版，第 213 页。

生成、异延①而且富有构拟性质（formulate）和情势②，正如皮科克（J·Peacock）和基尔希（A·T·Kirsch）所述，事件需要构拟来显现逻辑性，而我们通过构拟的模式认知具体事件。③历史事件哲学中，人为的认知决定，是通过陈述事件和不确定性事物（神话）本身关联，隐射出一个事件的忠实，系列化原素的哲学逻辑构建起（神话）主体，在历史时间中以普遍性形式和历史意义不断绵延，这种哲学上的认知，从某一角度上可以"走出传统考据之学的死胡同，构拟出一套具有深层解释功能的原型模式"④。以此来就于阗国神话元语言所隐含的哲学观念、历史事件、叙述逻辑、文化现象逐一进行阐述。

一、元神话文本

《大唐西域记》记述：这个国家的国王骁勇尚武，敬重佛法，自称是毗沙门天的末裔。从前，这个国家空旷无人，毗沙门天曾经在这

---

① 异延：法国哲学家雅克·德里达著《写作与差异》（*Writing and Difference*）1976 中异延思想，"异延"代表一切差异的根本特征，也包含全部差异。它存在于一切在场、实在与存在之中，在颠覆现有的结构中呈现自己的存在，与播散一起成为一种哲学意味上的变体存在。

② 情势：法国哲学家阿兰·巴丢核心概念，情势为显性结构存在特征，包含两个多元性质：断裂的多元和连续多元。

③ ［美］皮科克（J·Peacock）、基尔希（A·T·Kirsch）：《人类的方向：社会和文化人类学发展概览》，1980 年英文版（The Human Direction），Prontice-Hali：Inc.，1980，p. 178。

④ 叶舒宪：《中国神话哲学》，北京：中国社会科学出版社，1992 年版，第 7 页。

里居留。无忧王的太子在咀叉始罗国被挖去眼睛一事实发之后，无忧王怒不可遏，流放了许多辅臣僚佐，并把咀叉始罗国的许多豪门大族迁徙雪山以北，让他们居住在荒谷之中。被迫迁徙的人逐水草而居，到达霍萨旦那国西界，他们推举出豪酋，尊立为君王。在那个时候，东土的一位皇子获罪而被流放，住在这里的东界，皇子的群下劝进，他也自立为王。经过的岁月虽然很长，两国的风俗政教且互不相通。后来因为两方都去原野打猎，在荒泽中相逢，相互询问在宗谱中的辈分。因而互相争论愤怒见于言辞，几乎动武交战。有人劝谏说："如今为什么要这样匆忙地动手呢？由于打猎而决战，并没有能够把所有的兵力都动员起来，现在应当各自回去整军，约定一个日期，再来相会决战。"于是双方拨转马首而归，各自回到自己的国家，整编操练军马，督促激勉士兵。到期两军相会，旗鼓相望，第二天交战，西边君主出战不利，在溃退奔逃中被砍掉了头颅。东边的君主乘胜推进，安抚招集这个被灭掉的国家的百姓，把都城迁到正中地区，并计划建造城郭。但是他发愁缺少适当的黏土，恐怕难以建成城郭，于是他向远近征求通晓地理的人。当时有一位涂灰外道，背着一只大葫芦，里面满盛着水，自动应募进见国王，说："我懂地理。"他随即将葫芦中的水弯弯曲曲地倾倒出来，绕完一周以后又重新开始，他忽然间飞跑起来，突然消失不见了。人们就依照他撒下的水迹，在上边建起墙基，而后在这一墙基上大兴土木，这就是这个国家的都城所在之地，现在在位的国王就以此城作为都城。此城并不高峻，但是很难攻克，自古以来，还没有人能够进攻取胜。这位国王在完成迁移都城、修建城垣、建立国家、安置百姓这些工作以后，业绩大功，但他已经到了七、八十岁高龄的垂暮之年，仍然没有后嗣。他害怕宗绪断绝，

便前往毗沙门天神所在之处祈请赐予后嗣，并从天神像的前额剖出一个婴孩。他捧着婴孩回去，全国居民都为此交相庆贺。婴孩不吃人奶，君王担心他活不长久，立即又前往神祠，再请天神替他养育婴儿。这时神祠前边的土地忽然隆起，形状就像乳房，神童靠吸吮这里的乳汁，终于长大成人。神童长大以后智勇空前，声威教化播及远方，于是他营建了神祠，以表示奉祀祖神的心意。从此以后，世代相承，总有国君入承大统，世系从未中断，所以现在神庙中有很多珍宝，因为历代国君朝拜神祠、献礼祭祀从未间断误时。由于神童是由地乳哺育成人的，所以地乳就成了国号。①

《大慈恩寺三藏法师传》：从此东行八百余里，至瞿萨旦那国。（此言地乳，即其俗雅言也。俗谓涣那国，匈奴谓之于遁，诸胡谓之豁旦，印度谓之屈丹。旧曰于阗，讹也。）沙碛大半，宜谷丰乐。出氍毹、细毡、工绩绝细。又土多白玉、璧玉。气序和调。俗知礼义，尚学好音，风仪详整，异胡诸俗。文字远达印度，微有改耳。重佛法，伽蓝百所。僧五千余人，多学大乘。其王雄智勇武，尊爱有德。自云毗沙门天之胤也。王之先祖即无忧王之太子。在怛叉始罗国，后被谴出雪山北，养牧逐水草，至此建都。久而无子。因祷毗沙门天庙，庙神额上剖出一男，复于庙前地生奇味，甘香如乳，取而养子，遂至成长。王崩，后嗣立。威德遐被，力并诸国，今王即其后也。先祖本因地乳资成。故于阗正音称地乳国焉。②

---

①　季羡林：《〈大唐西域记〉今译》，西安：西安人民出版社，1985年版，第414—416页。

②　［唐］慧立、彦悰：《大慈恩寺三藏法师传》，孙毓棠、谢方点校，北京：中华书局，1983年版，第120页。

《于阗教法史》中记载：当初，当地的国王名叫地乳，乃古印度天竺国阿育王之子。阿育王为寻地游方，率众多天竺军丁及扈从前行，抵达于阗有海子之处。集诸婆罗门和相者，令观其相如何。相者观之，乃具殊胜妙相，遂言道："王，与您相比，此王子更具权势。"王生嫉忌怒，将其子抛弃于最初出生之地。王抛弃子之地，即今于阗都城北门内长佛堂旁、圣观音菩萨居住的后面、护法神殿所住。王抛弃子之时，北方护法神毗沙门和功德天女使地中隆起一乳，育养之，此，子得以未死，且得名地乳。毗沙门取之，献与汉王为子，汉王恰少一子，难成千数。深得汉王疼爱，如是成长。一次节庆，汉王诸子玩耍，地乳与汉王诸子发生口角，道："小子，你非汉王之子，乃捡来之弃儿，与我等王族不同。"地乳王子懊恼，即向汉王求道："今日我等王子玩耍时，其他王子言道：'小子，你非汉王之子，乃捡来之弃儿，与我等真正王族之子不同。'若我并非汉王之子，则我忝充汉王随从何益？请许我前去他方寻找国土。"汉王即言："你确系我子，其他孩子所言不对，不许走。"但地乳主意已定，一再请求。汉王此乃毗沙门所赐之子，虽殊胜可爱，终不宜久留。不乐意，同意地乳所求，派遣众多军队和侍从，偕同前行，寻找国土而至于阗地方。地乳王子之父天竺阿育王之大臣阿摩支耶舍因犯错误而遭驱逐，偕同众多天竺军队及侍从，来至于阗地方，与在西玉河之香梧将地方会面。其初不知详情，各各布阵备战。时护法神毗沙门、功德天女、坚牢地神等从中调解，细述当初详情，君臣相见，遂得和解。初，地乳王和阿摩支耶舍君臣相见，此地由二者执掌，于阗都城地区遂如是而得创建。①

————————

① 朱丽双：《敦煌藏文文书 Pt 960 所记于阗建国传说——《于阗教法史》译注之二》[J]，《敦煌研究》，2011 年第 2 期，第 111—112 页。

《牛角山授记》记载：此时，汉王捡到了多闻子之子……此子以先前的福泽善业根基之力量，得地生乳头将其抚育，于是其子名为"萨勒尼玛尼"（sa-las-nu-ma-nu，地乳）。此子速快成长，接替汉地父王的王权，拥有了诸多财富，诸多大臣围他而转。王子萨勒尼玛尼随一称作姜肖的大臣，与几个士兵一起从汉地来到了此地。然后，依此为根据地，国王萨勒尼玛尼为管理此地，将此地命名为"萨勒尼玛尼之地"（sa-las-nu-ma-nuvi-yul）。当时，许多天竺人也从西方一些地方来到了此地，做了国王萨勒尼玛尼的臣民，并制定了若干政治（制度）。汉地大臣姜肖等逐步兴建（类似）汉区与天竺的城市、村庄。①

《于阗国授记》记载：早先于阗乃一片海水，当佛灭后一百年，此地始变为桑田，后阿育王游至此地，其王后生一相貌奇伟的王子，王命占卜相士为此王子看相，相士云，小王子将掌国政，权超父王，阿育王听后十分妒嫉，乃命将王子弃在其出生地，时地上有一乳房，流出奶汁喂养王子，才得以成长。故王子呼名为"地乳"。时东方汉地之国王，虽有九百九十九名王子，仍祈愿得一子以满千名，于阗之毗沙门天知汉王之心愿，送地乳为汉王子。后地乳与众汉王子嬉耍之时，知己不是汉王之亲生儿，遂请于汉王，放他往西寻地建国，汉王

<hr />

①　朱丽双：《敦煌藏文文书 Pt 960 所记守护于阗之神灵—《于阗教法史》译注之三》[J]，《敦煌研究》，2011 年第 4 期，《牛角山授记》（*Phagspariglangrulungbstanpa*），收入德格版《甘珠尔》（bKa"gyul）经部（mdosde）ah 函，76 卷，220b6—232a7。那塘版《甘珠尔》经部 a 函，76 卷 336b6—354b4。拉达克窦宫写（Stogpalacemanuscript）《甘珠尔》第三品（skabsgssumpa）法相乘部（rgyumtshannyidthegpa'iskor）之经部 na 函，63 卷 413a3—429a7。《日藏经》，那连提耶舍译《大乘大方等日藏经》，《大正新修大藏经》第 13 册，233a—297c 页。

从之，地乳率一万军众赴西方，来至于阗梅格（meghar）之地，遇其父阿育王之大臣耶舍率部众也寻地落户。双方了解了彼此身份后，共同治理于阗，于阗国由此建立，地乳为于阗第一代国王。[①]

二、差异性文本分析

（一）分析《大唐西域记》中记载的于阗起源神话，其整体叙述结构由二元克分子[②]逐步生发，成为一元结构的分子[③]构成，二元克分子结构表示为：1.西界无忧王太子系统，其系统结构中克分子本身又分层构建，绵延出不同的差异性叙述[④]例如王子受难、流放，带领辅佐臣僚在荒蛮之地建立豪酋政权，系统中的符号意指以意向性的趋势生成次级叙述结构；2.东土皇子系统，以流放、受劝、建立政权的线性叙述来对抗相似性的指意符号系统，（西界无忧王太子故事相似）以此来完成逻辑对立的系统构建。但是逻辑对立的两个系统本身存

---

① 《大藏经·丹珠尔》里的《于阗授记》：藏文德格版一七六页。

② 二元克分子：法国哲学家吉尔·德勒兹、菲利克斯·加塔利游牧思想中概念，克分子代表生成一元主体前的封闭性文化，结构，而分子代表生成后具有流动变化的文化结构。

③ 分子：法国哲学家吉尔·德勒兹、菲利克斯·加塔利游牧思想中概念，分子代表生成后具有流动变化的文化结构。

④ 来自［法］吉尔·德勒兹、菲利克斯·加塔利对于柏格森有关绵延差异的思想解读。

在解域化^①特征，解域化是指生成的不同结构和区域之间差异性的关联，^②无忧王太子系统与东土皇子系统"两国的风俗政教且互不相通"的表述，隐射出差异性文化表征。约瑟夫·恰尔德斯编著的《哥伦比亚现代文学与文化批评词典》中认为，解域化是从宏大结构中逃逸出来的过程，这些结构在地理学意义上可以解释为辖域。相对于于阗整体神话结构，两个克分子结构的叙述系统恰恰是从宏大叙述中抽绎出来的两个独立叙述结构，两者"去原野打猎，在荒泽中相逢"地理学意义上以及文化（风俗）意义上的差异，引发暴力性的对抗反应，最终结局以东土皇子的胜利告终。正如布尔迪厄所述，场域具有结构和系统的特征，二元克分子（即西界无忧王太子系统及文化结构／东土皇子系统及文化结构）在终结对抗之后，二元对立随即消失，异质性结束，同质性^③在共在场域^④上的重新构建开始，实际上这种构建是一种共生异质性^⑤的开始，"计划建造城郭"以及富有神话色彩的外道协助建城，表面语言上的编码和再编码不断地推动事件发展，其潜在的神话逻辑上隐藏着：文本主角对差异化文化的解构与重组，这往往

---

① 解辖域化：法国哲学家吉尔·德勒兹、菲利克斯·加塔利游牧思想中概念，是与更为宏阔的后结构主义解中心构想相联系的，指涉从所栖居的或强制性的社会和思想结构内逃逸而出的过程。

② 莫伟民、姜宇辉、王礼平，《二十世纪法国哲学》，北京：人民出版社，2008年版，第九章德勒兹与哲学概念的拓展。

③ 异质性／同质性：概念来自乔治·巴塔耶论著，基于相同的或者相近的生活方式和思维方式而产生的文化同一叫做文化同质性，不同一称为异质性。

④ 场域：这一概念来自布尔迪尔的论述，其思想源头为卡西尔的关系式思维，场域本意代表一种空间结构。

⑤ 共生异质性：来自德国哲学家霍克海默共生异质性概念，指差异性诠释过程和文本格局在书写空间分布上的不均匀性及其复杂性，所导致的同时异变。

成为国家起源神话最本质的核心所在，也是文本主角在不断生成与构建中抹擦^①去差异性痕迹（有时也称作踪迹）^②的关键。

作为新构建的书写平面，于阗神话文本渐次构筑起存在于共同^③的场，这种重新生成的神话文本场域，具有无界限空间的可能性，多元化书写的可能性以及书写完成后的"每一次生存都是独一的"^④在于阗神话元文本中，文本书写了：

1. 神话色彩浸染的外道辅助事件推进，依次完成了"迁移都城，修建城垣，建立国家"。都城 / 国家外在物化实体恰恰就是一个全新的一元于阗神话场域，而这一场域的建构，其实是绵延了整体神话文本的虚拟性特征，因为整体神话文本必须完成现实一致性的构建，所以外道辅助建城事件的虚拟性只能与整体共在的神话程度来区别自身以及推进神话叙事性的发展，神话哲学事件诠释学意义上的逻辑显示出："关于事件的陈述又带来对一个事件的忠实，于是主体被建构出来，普遍性得到了一种形式，一切意义也都成为可能。"^⑤2. 国王无后、天神赐子、地乳诞生"国君入承大统……地乳就成了国号"。与先前的外道辅助事件相比，天神赐子地乳事件就成为了神话文本空间中再

---

① 抹擦：概念来自于雅克·德里达的哲学理念，代表一种不间断地生成性消除行为。

② 痕迹：概念来自于雅克·德里达《写作与差异》，此处代表东土皇子作为文本主角有意识消除失败的残留痕迹。

③ ［法］让－吕克·南希：《解构的共同体》，郭建玲等译，上海：上海世纪出版集团，2007 年版，第 125 页。

④ ［法］让－吕克·南希：《解构的共同体》，郭建玲等译，上海：上海世纪出版集团，2007 年版，第 125 页。

⑤ 毕日生：《阿兰·巴丢非美学文艺思想研究》，北京：中国社会科学出版社，2014 年版，第 4 页。

生产的产物，这一神话的内在性特征之一，就是在"生产总体在再生产过程中表现为历史"①。也就是说于阗神话文本空间总体在整个神话构建场域中，为了神话同质化诉求，极力在不断书写过程中，消除差异性并且与符号和事件发生交互，共同在构建中完成了于阗建国神话的单一性存在，这种存在是单声部的存在②"单声部是认识属性与语言表达的同一，事件与意义的同一"③。

（二）分析《大慈恩寺三藏法师传》中关于于阗的记述，整体神话文本的叙事结构，若以于阗起源论被位移于文本后部，叙述逻辑从现实性空间描述渐次向原初神话空间转换位移，历史／神话的二元性构建中表现真实与虚拟映像的二重性，这种遗传的差异性描述，实际上说明"虚拟性并不对立于真实性，它本身就包含着完整的现实"④。所以整个文本包含着二元逻辑形态：空间上的现实性空间和原初神话空间；时间维度上的现实时间（文本写作的 664 年）和虚拟时间（神话溯源性时间）。这是一种文本叙事学意义上的时间跨度"表明错时所涵盖的时间范围"⑤。文本开始就出现创造者对当时现实时间场景的记述，随后才过渡到形成这种现实域情景的神话起源时期的描述。而空间哲学上正如梅洛·庞蒂所区分的两种空间概念"一是已经空间化

---

① 来源于法国哲学家昂利·列斐伏尔《德意志意识形态》中的空间生产思想。

② 来源于邓斯·司各脱的本体论思想。

③ ［法］吉尔·德勒兹、菲利克斯·加塔利：《游牧思想》，陈永国编，长春：吉林人民出版社，2003 年版，第 77 页。

④ ［法］吉尔·德勒兹、菲利克斯·加塔利：《游牧思想》，陈永国编，长春：吉林人民出版社，2003 年版，第 72 页。

⑤ ［荷］米克·巴尔：《叙述学 叙事理论导论（第 2 版）》，谭君强译，北京：中国社会科学出版社，2003 年版，第 108 页。

的空间，二是正在空间化的空间"①。已经空间化的空间就是于阗起源神话所构建的神话空间本身，正在空间化的空间就是"沙碛大半，宜谷丰乐"的现在性于阗记述，整体空间描述具有生成上的浑然未分的能力。

这种叙述能力的控制，实际上是文本创作主体（慧立、彦悰）不断双向穿刺在现实界、象征界和想象界的最直接展现，运用雅克·拉康理论阐述：《大慈恩寺三藏法师传》中于阗神话的创作主体在现实界中，通过地理位置描述（东行八百余里，至瞿萨旦那国）、国名指称罗列（俗谓涣那国，匈奴谓之于遁，诸胡谓之豁旦，印度谓之屈丹）、生态景观叙述（沙碛大半，宜谷丰乐……气序和调）、物产资源陈述（出氍毹、细毡、工绩绝细。又土多白玉、璧玉）、风俗礼仪介绍（俗知礼义，尚学好音，风仪详整，异胡诸俗）、文化佛法记载（文字远达印度……重佛法，伽蓝百所。僧五千余人，多学大乘）、政治权利表述（其王雄智勇武，尊爱有德）。实际上是在现实场域中利用子系统的经济力、政治力、宗教力等诸在场② 现实性因素来进行于阗起源文本的现实界构建。基于现实界的真实叙述，文本创作主体再次启用了想象界的构建模式，需要注意的是整个神话不是"元"书写或言在场性的现实复制，而是再生产或二次书写，创作主体将其置位于文本后半部分与前半部分的现实界构成，形成了明显的对比张

---

① 佘碧平：《梅洛·庞蒂历史现象学研究》，上海：复旦大学出版社，2007年版，第110页。

② 在场为德国哲学概念即显现的存在，或存在意义的显现，直接呈现在面前的事物，就是面向事物本身，就是经验的直接性、无遮蔽性和敞开性。

力，这种对比张力将想象界暴露无遗。同时书写过程出现了异延①现象，主要表现：1. 文本主角由《大唐西域记》中的东土皇子、无忧王太子两个书写述行②符号也就是同处于德勒兹所谓的同一黏着性文本平面上的相异"本体上的平等"主体③，在另一文本《大慈恩寺三藏法师传》中由创作主体（著者慧立、彦悰）利用自身元语言意识，也就是"对语言规则的有意识理解和操作能力"④。内化编码生成了新的单体单子⑤——"王之先祖即无忧王之太子"文本主体成为唯一性表征。2. 索绪尔认为能指的特征包括"能指的任意性还意味着能指差异的系统性"⑥。和"能指的非外在的心理性质实际上潜在地为能指的自主存在埋下了伏笔"⑦于阗神话文本主体中的无忧王太子，在创作主体的努力下，产生出一系列的异延"遣出雪山北，养牧逐水草，至此建

①　异延概念来自于雅克・德里达的哲学理念，代表一种对原本的主体性再创造，产生差异性的现实存在。

②　来源于英国语言哲学家约翰・奥斯汀概念"述行"引申为一切符号现象的根本属性在社会文化中的塑造与被塑造。

③　来源于英国哲学家巴什勒的本体平等概念，认为任何存在的东西，不论是宏大的还是微观的，都是真实的，没有什么东西比别的东西更真实、更具有实在性。

④　邵志芳、刘铎：《认知心理学》，北京：开明出版社，2012 年版，第 187—188 页。

⑤　来源于德国哲学家莱布尼茨的哲学概念，本雅明沿用其概念阐发为理念与本原，与卡尔・克劳斯的本原存在叠合状态，代表一种特定时间的产生以及变化中出现的实在事物。

⑥　汪民安：《文化关键词》，南京：凤凰出版传媒集团，江苏人民出版社，2007 年版，第 214 页。

⑦　汪民安：《文化关键词》，南京：凤凰出版传媒集团，江苏人民出版社，2007 年版，第 215 页。

都"这种"符号的任意性"①成为构建连续性神话事件的"力比多"②，
"总是在根据自己的系统要求和概念自身的不断变化来进行言说活
动"③。这种言说神话的形式形成了一种结构，列维·斯特劳斯所谓的
秩序"秩序需要用符号来表达，因此文化是符号体系"④。而且"符号
体系反映人类的意识结构，而意识结构可以抽象成结构模型。结构模
型有深浅两个层次"⑤。结构模型的浅层与经验现象同构：作为文本的
创作主体，惠立（615—?）"大慈恩寺翻经大德，师识敏才俊、博学
妙辩"⑥。彦悰（627—649）识量聪敏，博通群经，善属文章，长于著
述，颇为同侪所推重。两人的宗教经验与印度佛教的意识倾向性，使
得无忧王太子成为单体神话形态叙述主体，而且据历史记载：师（惠
立）尝撰《慈恩三藏玄奘法师传》，然未成而卒，后由广福寺沙门彦
悰续而成之，凡十卷，为今人研究玄奘之重要史籍。⑦迁出、养牧、
建国，一系列事件所反映的深层结构中不为意识所触及的逻辑理性
表达，属于本原性——自然而然的心理意识。从书写表达的反映论而
言，深/浅层结构塑造的所谓生活经验的张力场⑧是创作主体（惠立、

---

① 汪民安：《文化关键词》，南京：凤凰出版传媒集团，江苏人民出版社，
2007 年版，第 328 页。

② 来自弗洛伊德的概念，引申为创作主体有关的内在主体动力系统原。

③ 汪民安：《文化关键词》，南京：凤凰出版传媒集团，江苏人民出版社，2007
年版，第 328 页。

④ 庄孔韶：《人类学概论》北京：中国人民大学出版社，2006 年版，第 71 页。

⑤ 庄孔韶：《人类学概论》北京：中国人民大学出版社，2006 年版，第 71 页。

⑥ 蓝吉富：《中华佛教百科全书》，1994 年版。

⑦ 《大慈恩寺三藏法师传》序；《宋高僧传》卷十七；《开元释教录》卷九；
《六学僧传》卷十六。

⑧ 杨明琪：《生活感受的张力场：一种新的文学观阐释》，西安：陕西人民出
版社，2008 年版，第 9 页。

彦悰）主要书写意识、书写实践的动力，而于阗神话的便是这样动力生成下的现实层面折射出的想象界的神话褶皱①——一种奇特、奇异、变化、动态的异化表达，其表达形态虚实一体、明暗反衬、充斥隐喻，如同印度文化中的因陀罗之网，在其褶皱的开合之间释放潜能最终使其成为一个多元重叠神幻象征。与此同时，创作主体的身心"形成的褶子，两者不断地折叠、展开、重折，构成一个皱褶式的双重世界"②，这一双重世界代表着一种内在性的交流和传播，既与现实界世界等同，有时审视自我想象界的一种视角，也是隐射出象征界的关键所在。3. 国王无子——祈神赐子——神额剖子——地乳养子——立子为王——地乳于阗，整个神话符号体系内部展开了地方性知识序列：不同层次信仰表述和地方性意识的表达。正如美国阐释人类学家格尔兹（Clifford Geertz）所述："文化是公共的，意义是公共的。"③现实界的于阗所处的地域构成了群性生活的文化多元场域，场域内部富含着多声部的意义"如当地人所想像的如果／那么这样的生活结构和当地人所理解的由于／因而这样的经验过程……这样才会使它们看起来不过是同一事物的深层现象与表层现象。"④这一深层与表层的现象，通

① 褶皱：来自法国哲学家吉尔·德勒兹著作《褶子：莱布尼茨与巴洛克风格》一书的核心概念，代表在哲学过程本体论以及思维方式上将单子引申处的褶皱和艺术表征联系，从一到多展开进行复杂、多元的表达构建。因陀罗之网是印度文化中充满隐喻的神话之一，天神之王有一张神奇的大网布满宝石，每一颗都折射出绚丽的光辉，构成了一和多的微妙神异关系。

② 汪民安：《文化关键词》，南京：凤凰出版传媒集团，江苏人民出版社，2007年版，第478页。

③ ［美］格尔兹（Clifford Geertz），《文化的解释》，纳日碧力戈等译，王铭铭校，上海：上海人民出版社，1999年，第14页。

④ ［美］格尔兹（Clifford Geertz）：《新世纪学术译丛　地方性知识——阐释人类学论文集》，王海龙、张家宣译，北京：中央编译出版社，2000年版，第231页。

过文化持有者的内部视角以及外来文化承担者的继承或进入（emic/etic）将地方性知识巧妙的转化成了神话符号性的叙述也就是于阗起源神话本身，"正是这种想像的，或者建设性的，或者解释性的能力，一种植根于文化的集体智慧而非个人的单独智能的能力，我觉得这种事情，无论如何在实质上，到处都是大多如此"[①]形成了地方性的知识，这种知识不仅仅是局域性的，最主要是涉及知识的生成与异延过程中特定的语境表达方式，一种在特定历史场域下的文化（尤其是宗教文化）与亚文化群体的意识观念，这种观念也需要外来文化承担者（于阗神话的书写者）的审视视角，同样也需要阅读者从神话地方性知识中透视隐藏在神秘性背后的知识（包括显性知识结构的外在化表述和地方性知识中的哲学逻辑意识）。

"首字母小写的 symbolism 这个术语，像 romanticism 和 classicism 一样，具有极其宽泛的含义，它可用来描述借助媒介曲折指涉他物而非直接指涉的任何表达方式。"[②]而在于阗神话文本《慈恩三藏玄奘法师传》中，整个文本结构由文字符号书写构成，直接意指和隐含意指相互穿插，符码交错，结构上形成了神话象征空间，而且空间拥有垂直系统和水平系统，这就是"想象的作品赖以构成的最强有力的结构素。"[③]也就是神话原型本身，神话原型充斥着象征式的元语言"元语

---

① ［美］格尔兹（Clifford Geertz）:《新世纪学术译丛 地方性知识——阐释人类学论文集》，王海龙、张家宣译，北京：中央编译出版社，2000 年版，第 272 页。

② ［英］查尔斯·查德威克：《象征主义》，周发祥译，北京：昆仑出版社，1989 年版，第 1 页。

③ ［美］弗雷彻：《Encyclopedia Americanna》第二卷，Scholastic 出版社，1829 年版，第 215 页。

言作为一种解释性的模式，有如文化深层意蕴的密码本，依据这种密码本，我们可以对许多无意识的文化现象作出解释。"① 这种解释是基于现实界认知，想象界理解，如辛格尔顿在《应用人类学》一书中所说其内容包括我们对世界的了解和人们的相互关系以及对重大事件的解释。"如果人类心智甚至在神话领域中都能显出规则特征的话，那么它在所有活动领域中也必然是有规则可循的"② 这里隐含的规则在于：毗沙门天（神）（北方多闻天王，为佛教护法之神，四天王之一。印度古代史诗《玛哈帕腊达》和古代吠陀神话中，毗沙门天王都有出现。）1. 北方：地理位置的象征显示，于阗"自云毗沙门天之胤也"连续隐射出此地富庶，2. 古代印度教中的施财天，也称作财富的赠予者。一方面预示着于阗对富庶的群性心理期望；一方面象征现实层面的真实"宜谷丰乐。出氍毹、细毡、工绩绝细。又土多白玉、璺玉。气序和调"3. 佛教护法神，四天王之一的神灵身份符号，这一神灵符号代表一种等级森严的社会性，神灵符号受到禁忌保护，是绝对的固定和透明③，符号的透明与等级制度的神——人关系相辅相成，同时也象征于阗"重佛法，伽蓝百所。僧五千余人，多学大乘"的佛国形象。这一形象甚至对中原文化影响深广"于阗的佛教对于西域的一些地区和中原的佛教文化发展都产生了程度不同的影响。"④ 4. 护法神

---

① 叶舒宪：《中国神话哲学》，北京：中国社会科学出版社，1992 年版，第 43 页。

② ［美］列维·施特劳斯：《神话学：生食与熟食》（Mythologiques. Vol. I. Le cru et le cuit. 1964）第一卷。

③ 源自于波德里亚《象征性交换与死亡》（1976 年版）和《仿真》（1981 年版）中关于古代封建制时期的象征仿造概念。

④ 荣新江、朱丽双：《于阗与敦煌》，兰州：甘肃教育出版社，2013 年第 1 版，第 17 页。

的寓意是在护卫佛教的前提下的暴力与慈悲的双重化符号，现实中象征于阗的神勇心理及群体风俗"俗知礼义，尚学好音，风仪详整，异胡诸俗。""其王雄智勇武，尊爱有德。"5.护法神的印度来源是一种于阗与印度关联性的象征表达：既表示宗教力上的相互渗透，文化力上的双向度传播"文字远达印度，微有改耳。"也表示于阗印度交往互渗理论①中的垂直体系和水平体系的叠合。毗沙门天王这一神话符码的出现，从一个有限的神话形象，极力催发符号象征的增殖，潜在线性并行交错，将其从凝固状态解放出来，过渡到神话文本象征所需求的拓展和增意当中，形成文本象征结构。

（三）《牛角山授记》《于阗教法史》《于阗国授记》三个于阗神话文本来自藏文译本，究其藏文译本的来源说法各异"这些藏文著作原本就是用藏文编纂而成的，还是从于阗文转译而来的？迄今没有定论。"②但是首先必须明确：神话文本的转向③和神话量素的衰减都是神话熵④的系统化结果"熵在宏观上是指一切自发过程总是一步一步地向着平横态变化的，同时，系统的熵也在一步一步地增大。当系统达到平衡态时，其熵便不再增加而达到最大，所以系统的熵越大，则

---

① 源自德国哲学家哈贝马斯的《交往行为理论》中的理论概念，这里代表相异文化之间的纵横交流与互渗。

② ［日］广中智之：《汉唐于阗佛教研究》，乌鲁木齐：新疆人民出版社，2012 年版，第 5 页。

③ 来源于维也纳学派古斯塔夫·伯格曼所著《逻辑与实在》语言学转向的思想概念。

④ 熵亦被用于计算一个系统中的失序现象，表示一种情境的不确定性和无组织性，在这里指称由元于阗神话文本在传播过程中引起的差异性、混乱度以及文本微观状态事件原素集合。

说明它接近平衡态。"① 于阗元神话事件属于于阗神话集合原素的位置持存（place-holder）② 其中于阗神话的历史情势所构成的神话事件节点，开始以游牧方式播散并且与他异性原素结合，重新构型，最终再现出差异性的神话，但是于阗神话原结构的情势状态依然可以显现其不同神话事件之中。

1. 神话文本的转向是指作为一种神话世界的符号构成，无论是藏文、于阗文还是汉文，异质性的符号表达在同质性的汉语符号表达形成的过程化中，隐含着"元"文本创作主体与翻译主体以及汉语文本理解者三者多向度的视界融合，③ 这种视域上的融合本身就是主体心理上的吸收、理解、运思以至最后的符码输出，每一主体都在双语或者多语状态下生成文本，具有纵向性的历时表现，比如从最初民间神话经过长时间的衍化，又在不同的时期尤其是佛教思想的浸染形成新的文本；同时又具有共时性，也就是说在同一时间和空间上，由于目的性，一种文本生成后被翻译形成另外一种复制文本，所有过程在同一横向发生。创作主体的现象学移情是发生的关键，就是将心同此情此景的经验现象与文本现象移情植入。④ 正如涂尔干学派对神话研究得出的一样，在神话文本的转向中存在创造性的想象。⑤ 同时我们也看

① 王治河：《后现代主义辞典》，北京：中央编译出版社，2003 年版，第 526 页。

② 阿兰·巴丢概念，代表一种可任意书写的空集，在一切相关集合中的位置标示与命名。

③ 源自德国阐释学家伽达默尔的视界融合概念或译为视域融合代表理解者对对象理解的视界同历史上已有的视界相接触，形成了两个视界的交融为一。

④ 来自范德莱乌对胡塞尔现象学的改造所形成的神话宗教理解思想。

⑤ ［美］伊万·斯特伦斯基：《二十世纪的四种神话理论—卡西尔、伊利亚德、列维斯特劳斯与马林诺夫斯基》，李创同、张经纬译，北京：生活·读书·新知三联书店，2012 年版，第 233 页。

到翻译过程中书写符号、神话寓意等出现了增缩现象，也就是文本与文本在字数、故事情节上有所细节上的差别。

2. 神话文本的转向不可避免的涉及神话量素的增缩和分异[①]：《牛角山授记》《于阗教法史》《于阗国授记》中于阗起源神话应该会有一个最本源的民间神话"元"而且早于这三个文本，佛教因子浸染尚无，这一点斯坦因通过考古语言两方面论证[②]过，神话原型主要着眼于书写与某个种族或者文化集体无意识概念"它们的存在完全得自于遗传，集体无意识的内容则主要是原型。在神话研究中它们被称为母题，在原始人类心理学中，它们与列维布留尔的集体表现概念相契合；比较宗教学的领域里，休伯特与毛斯又将它们称为想象范畴，阿道夫·巴斯蒂安在很早以前称它们为原素或者原始思维。"[③]剥离三个藏文文本中的佛教因子、虚拟场景、神异色彩等一系列原素，最根本出现了："干燥无人的大地——外来移民——繁荣"[④]这一神话原型，而原型的分异表现在：佛教传入后"产生了把古来的殖民传说加上佛教思想色彩的建国传说，把建国传说年代联系到佛灭寂后百年，其年代是跟于阗有直接关系的西北印度的开教时代"[⑤]那么神话原型

---

① 王治河在其论述中认为与异延概念等同，笔者认为分异表示一种在"元"状态下的变化及差异性表达。

② Ancient khotan，156—166。

③ ［日］卡尔·古斯塔夫·荣格：《心理学与文学》，冯川、苏克译，南京：凤凰出版传媒股份有限公司，译林出版社，2014年版，第61页。

④ ［日］广中智之：《汉唐于阗佛教研究》，乌鲁木齐：新疆人民出版社，2012年版，第39页。

⑤ ［日］广中智之：《汉唐于阗佛教研究》，乌鲁木齐：新疆人民出版社，2012年版，第39—40页。

就在不同时期以不同版本方式分化异延出差异性的文本形态：（1）公元二、三世纪《日藏经》中具有浓郁佛教色彩的于阗起源神话文本形态；（2）于阗起源神话原型与阿育王拘那罗传说的融合文本形态，典型代表就是《牛角山授记》；（3）差异性版本流行时期：不同的版本由于创作主体不同被衍化加入主体自我理解，比如巴桑旺堆先生考证认为，《于阗教法史》和《于阗国授记》的编者是同一个人，毛古第悉（mo-gru-bde-shil）根据《月藏经》、《日藏经》等经文的主要内容翻译编写的。《于阗国授记》，也作出了同样的解释，说《于阗国授记》与《月藏经》、《无垢光经》内容相符，是牛头山主持毛古第悉在编写此经文时详细对证于先贤前辈所传之言，从而编译了《于闻教法史》[①]。此外，"于阗文写本记载之间的出入，可能表示编写时的混乱，至少可以承认当时已经有几个版本，这些版本可能在于阗的一些寺院里流传。"[②] 在多样性于阗神话文本存在之后，不同语言之间的翻译随即产生，文本内容的神话量素的增缩就会因为创作主体思维、环境、诉求诸多因素，其文本内容会发生倾向性增加和衰减的现象，例如将阿育王的故事与于阗起源结合，增加了神话文本的佛教因素属于一种神话量素的增缩，而吸取不同的阿育王故事版本融入到于阗神话文本，展现出阿育王故事不同也是一种神话量素增缩的效果。神话事件本身是"一种多，它一方面是事件点的原素构成，另一方面又由它本

---

① 巴桑旺堆，《藏文文献中的若干古于闻史料》[J]，《敦煌学辑刊》，1986年第1期，第69—73页。

② ［日］广中智之：《汉唐于阗佛教研究》，乌鲁木齐：新疆人民出版社，2012年版，第43—44页。

身组成"①。于阗神话元结构的显现与再现，不断地动态化展示书写者的双重情势状态。

3. 差异性神话文本的熵化平衡：无人大地——外族迁移——建国兴起，这一神话元，实际上就是神话的叙述程式，包括《牛角山授记》《于阗教法史》《于阗国授记》等诸多文本，都是神话意象在经验世界的循环运动中形成的，它们都有其一致性的运行方向（例如，佛教化的渲染）采用加拿大神学家弗莱所谓的"置换变形"，每一个于阗神话文本都存在一种可以解释其他于阗文本存在的书写，全部的于阗神话文本就在各自的增益当中，一步步将于阗神话这一主题构建成了一个神话熵，整体神话熵的目的就是让重复成为一种特定时空中的新存在，利用拟化、凝塑、想象、位移、异化诸多方式达到效果目的，但是熵化平衡使得所有于阗神话文本以神话原型为中心，神话意义必须与借助的语言符号共同达到神话意象世界，并且只能通过意义与符号构建出神话语义场，整个神话语义场既有索绪尔纵横两大语义理论上的横向词与词的组合，纵向不同时代的词义组合，又有罗兰·巴特符号美学所讲，动态化的塑造构建出静态的于阗神话文本，每个文本再细分成行动层面、叙述层面和功能层面，能指和所指就在神话文本的不同层次漂移，但是漂移有指向性和逻辑性，全部指涉向神话本身。

4. 于阗不同神话文本的混杂性、文本间性：《牛角山授记》《于阗教法史》《于阗国授记》中于阗神话在存在之前，于阗地域空间上是流传着相关的民间起源神话原型的，整个神话原型是简单符号

①　Alain Badiou，Being and Event，p.179.

的一种编织物，佛教的传入是"将这一符号在特定的文化中被理解和激活的重要性。"① 可以说从某种意义上，佛教文化所包含的语言、神话、哲学观念所构成的输出源，通过文化空间上的混杂性，以于阗神话这样一个元文本结合成为了具有佛教色彩的神话意义场所。意义场所的建立就可使创作主体，利用德里达的带有差异的重复概念以及拉康的模拟方法，能动性的消除神话本初的粗糙，生成新的符号表达。这种符号表达往往可以协助我们生动的解释当时佛教进入后的社会内部运作、信仰风俗，最重要的是发现于阗历史的运演模式。但是我们从藏文的三个于阗神话文本，也可以看出："文本中字词的选择和意义的生产又总是同此前的，已先期存在的各种文本或者与它同时存在的各种文本的材料相关联"② 这也就是克里斯蒂娃所谓的互文性或者文本间性，"文本的产生建立在客观存在的历史和现实的其他文本材料基础之上。"③ 例如，巴桑旺堆先生毛古第悉（mo-gru-bde-shil）根据《月藏经》《日藏经》等经文的主要内容翻译编写《于阗教法史》，而与《月藏经》和《无垢光经》内容相符的《于阗国授记》，对比两者"P.T.960《于阗佛法史》可与《于阗授记》互相印证。"④ 除此之外，我们以文献学方法，在《大乘大

① ［美］伊万·斯特伦斯基：《二十世纪的四种神话理论—卡西尔、伊利亚德、列维斯特劳斯与马林诺夫斯基》，李创同、张经纬译，北京：生活·读书·新知三联书店，2012 年版，第 169 页。

② 汪民安：《文化关键词》，南京：凤凰出版传媒集团，江苏人民出版社，2007 年版，第 116 页。

③ 汪民安：《文化关键词》，南京：凤凰出版传媒集团，江苏人民出版社，2007 年版，第 116 页。

④ 巴桑旺堆：《藏文文献中的若干古于闻史料》［J］，《敦煌学辑刊》，1986 年第 1 期，第 70 页。

方等日藏经》中可以看到："只利呵婆达多龙王，即白佛言："世尊，如来今者，以于阗国牛角峰山瞿摩娑罗乾陀牟尼大支提处付嘱于我，然彼国土城邑村落悉皆空旷，所有人民悉从他方余国土来，或余天下，或余刹中，菩萨摩诃萨、大辟支佛、大阿罗汉、得果沙门、五神通人坐禅力故，向彼供养。瞿摩娑罗旧无众生，一切来者皆是他国。世尊，此二十八诸夜叉将，不肯护持我今怪此。所以者何？以彼不护，我等诸龙得于恶名……又迦叶佛时，彼于阗国名迦逻沙摩，国土广大安隐丰乐，种种华果众生受用。彼国多有百千五通圣人世间福田，依止其中系念坐禅，乐阿耨多罗三藐三菩提……我今不久往瞿摩娑罗牟尼住处，结跏七日受解脱乐，令于阗国，于我灭度后一百年，是时彼国还复兴立，多饶城邑郡县村落，人民炽盛皆乐大乘，安隐快乐，种种饮食及诸果华无所乏少"①其中的很多符号词语在《牛角山授记》、《于阗教法史》、《于阗国授记》中出现，互文性明显，出现了巴赫金复调式②文本间性，也就是多种表达同一主题的文本，其内在意义实践性的会聚在一起，这种整个的互文性就会扩展到整体于阗起源神话的历史文化背景当中，而且所有围绕于阗起源神话的不同文本之间由于互文性可以相互参证，这也是历史考据派的预设逻辑之一。

---

① 乾隆大藏经·大乘大集部·大乘大方等日藏经卷第十三归济龙品第十二之二。

② 复调理论是前苏联文艺理论家巴赫金在研究俄国作家陀思妥耶夫斯基小说的基础上提出的。他借用了音乐学中的术语"复调"，来说明这种小说创作中的多声部。

三、神话文本总体分析

首先，于阗起源神话是一个宽泛的系统，它从一个早于自身存在的原始意象[①]链条上被建构，"它是一个第二秩序的符号学系统。那是在第一个系统中的一个符号，在第二系统中变成一根能指。"[②] 一级符号系统表示一个符号和一个形象的结合体（国王、地乳、城等神话语言的所有词素）这些具有差异性的神话语言符号全部受制于于阗起源这一主题，成为一种纯粹的意指符号，直接指向于阗神话本身。于阗神话以一种统摄的姿态，通过哲学逻辑巧妙的编织出系统化的神话网络，所以所有纯粹的语言词汇只是一个称作语言客体的语言系统，只有于阗神话这一元语言赋予同样的意指功能，于是塑造了《大唐西域记》《大慈恩寺三藏法师传》《牛角山授记》《于阗教法史》《于阗国授记》中主体一致的于阗神话。单一的于阗神话文本可以被分化为意义单元和区分单元的双层分节理论[③]，第一分节是将于阗神话分解成一系列有意义的语言形式：毗沙门天、先祖、无忧王、怛叉始罗国、雪山……这些属于意义单元；第二分节指最小的语义单元又被进一步分解成一系列无意义的音位单元：毗、沙、门、天、先、祖、无、忧、王、怛、叉、始、罗、国、雪、山……这些属于区分单元，所有的所

---

① 源自于法国科学哲学家加斯东·巴什拉文艺批评理论对客观认识的精神分析，即原始意象引发的心理倾向的精神分析的哲学思想理论。

② ［法］罗兰·巴特：《神话—大众文化诠释》，许蔷蔷等译，上海：上海人民出版社，1999 年版，第 173 页。

③ 源自于法国语言学家马丁内的语言功能理论。

指与能指分为表达平面和内容平面，每一个平面又分为形式和实体两个层次，于是整个"神话的意指由某种不停运转的转盘构成：它使能指的意思与其形式、一种语言活动的对象与一种元语言、一种纯粹表意的意识与一种纯粹形象的意思互相交替。"①在表达形式、表达实体、内容形式和内容实体四个层次，完成于阗神话语言的组织、意指于阗客观存在、表明神话所指之间的形式关系组织以及神话寓意、意识形态。

其次，由于阗历史上的民间本原神话脉络：干燥无人的大地——外来移民——繁荣②异延出的不同语言符号的神话文本，分别有：汉文符号的《法显传》、《宋云纪行》、《大唐西域记》、《大慈恩寺三藏法师传》、《洛阳伽蓝记》、藏文符号的《牛角山授记》（*Ri-Glang-rulun-bstan-pa*）、《于阗国授记》（*Liyul lun-bstan-pa*）《于阗教法史》（*Li-yul-chos-kyilo-rgyus*）、《僧伽伐弹那授记》（*Dgra-bcom-pa Dge-dunphei-gyislun-pa*）《于阗阿罗汉授记》（*Liyulgyi dgra-bcom-pas lun-bstan-pa*）以及大量分散在不同语言，不同历史文献中的于阗神话描述。正如吉尔·德勒兹的高原理论③所述，不同时代由不同作者根据于阗原型创作的于阗起源神话，犹如一座座时空中人为构建的高原，每一座高原注明日期、作者，位于不同时代的不同版本的高原（神话

---

① 蒋传红：《罗兰·巴特的符号学美学研究》，镇江：江苏大学出版社，2013年版，第56页。

② ［日］广中智之：《汉唐于阗佛教研究》，乌鲁木齐：新疆人民出版社，2012年版，第39页。

③ 法国哲学家吉尔·德勒兹《千高原》一书中心理论，借用地理学概念来阐述文本。

文本）的时空互相交叠、巧合、分支延展，构成了多元互联、流转多变的共振域。高低不同的千面高原之间隐伏着纵横交错的指涉（参照）性话语，读者可以从任何一个序列进入阅读。[①] 而历史考据的学者们也往往以自我经验进入文本，进行文献意义上的对比分析。以于阗神话高原上，自然的形成两种形式的符号传播：其一为表层现实空间的游牧式文本；其二为潜在的地下块茎式文本。游牧式文本指的历史上不同文本书写者，尤其是佛教浸染于阗之后，玄奘、纪云、惠立、彦悰、毛古第悉等有名或者无名书写者，以于阗神话为参照物，在数量庞杂的历史实物文献中自由游动，最终利用自身学识经验、短长记忆、目的取向等完成了文本构建，每一个文本高原的完成又为下一次高原的生发创造了思想资源。"游牧论（nomadism）集中体现为生成状态，发挥着挣脱严谨、固定、独裁、等级制的符号体系藩篱的逃逸线的功能。"[②] 但是，必须明白，一个新的于阗神话文本的出现，多了一种思想来源同时也潜在形成了特定符号思想的强化效果。游牧式文本意味着由差异与重复的运动构成。块茎式文本与高原文本存在紧密的联系，属于地上实体和地下潜在，不同传播流通的文本生发。从植物形态学观察，块茎往往具有非中心、无规则、多元化的形态，数量庞杂的于阗神话文本在其思想性和哲学逻辑性上，彼此是存在联系和异质性的，客观原因上的佛国影响着几个时代的学人书写者，多元化的进入于阗神话的描述并且适时裂变出了符号形态各一、内容编

---

① 麦永雄：《光滑空间与块茎思维：德勒兹的数字媒介诗学》[J]，《文艺研究》，2007 年第 12 期。

② 麦永雄：《光滑空间与块茎思维：德勒兹的数字媒介诗学》[J]，《文艺研究》，2007 年第 12 期。

排不同的文本存在，其创作思想本身就隐含着块茎地下拓展不断延伸的哲学思想特征。

最后，"模型比真实更为真实。"① 于阗神话文本本身就是对于阗真实建国事实的拟像仿真。② 例如，于阗神话中的地乳，"其完整形式 Gostana 由古代于阗人种名 go 加伊朗后缀 –stana 组成，意为牛地、牛国。当地佛教徒编造的建国传说附会为梵文的 Gostana，意为地乳。"③ 尽管神话拟化存在，于阗神话依然牢固的成为神话学研究的主要客体之一，除此之外也形成了历史文献学者广泛研究和引用的真实存在。这代表了一种对神话差异性文本的历史性消费态度，既有世俗性社会对神话的猎奇消费又具有精英群体的知识性认知消费。这种消费充斥着吊诡，成为一种辩证想象的独特例子"辩证的想象作为一个充满张力的情意丛，把过去和现在、古代神话和当代意义结合在一个唯一的、富含争议的、象征性的形式中。"④ 对于神话历史的研究者而言，神话的编纂考释成为一种对象征性真实的消费，一种富含机械式的消费，而且"在手头资料所能证明的事情中发现隐藏的故事；他的创造力都用在了发明揭示故事的研究技术上，而非叙事结构形式"⑤ 本身。

---

① 陆扬：《后现代文化景观》北京：新星出版社，2014 年版，第 178 页。

② 法国哲学家波德里亚在 1976 年出版的《象征性交换与死亡》（*Symbolic Exchange and Death*）一书提出的概念，1981 年《拟像》（*Simulation*）中进行具体阐释。

③ 荣新江、朱丽双：《于阗与敦煌》，兰州：甘肃教育出版社，2013 年版，第 21 页。

④ 沈卫荣：《何谓密教关于密教的定义、修习、符号和历史的诠释与争论》，北京：中国藏学出版社，2013 年版，第 230 页。

⑤ ［美］路易斯·明克：《作为一种认知工具的叙事形式》，纽约：康奈尔大学出版社，1987 年版，第 184 页。

第二编

丝绸之路·宗教

甘肃兰州民间信仰"块茎"结构来源研究

——以兰州西固区为例

中国宗教史的书写，历来就不仅只有主流、正统宗教上行的宏大叙述一种，所谓下行微观叙述中，栖居在民间乡土地理空间的信仰景观，也一同以隐藏方式，构建着真实的历史。作为中国隐性历史叙述的民间乡土文化，从某种意义上一直持续与中国显性传统历史文化，一起组建着历史学家海登·怀特提出的中国式"元历史"，构筑历史维度中的元叙述存在，历史意识和历史表征下的深层结构以及中国乡土社会中的价值问题。换句话说，中国民间乡土文化"本质上亦是一个积极追求人界（身体、社会）、灵界（鬼、神、祖先）、自然界（时空）三维均衡和谐的立体的文化系统"[①]这一文化系统，不管是以德勒兹所谓的游牧方式、边缘化，浮游在中国社会肌体中，还是与核

[①] 李亦园：《从民间文化看文化中国》[M]，上海：上海教育出版社，2002年版，第232页。

心历史文化有所间性、差异的弥散、构建、生发出异质性、神秘性、隐匿性复杂性多元化叙事性表达，这一表达本身就是基于乡土知识系谱的褶皱①和乡土日常性生活之中的。乡土社会"从基层上看去，中国社会是乡土性的……乡土社会的生活是富于地方性的……乡土社会在地方性的限制下成了生于斯、死于斯的社会……这是一个熟悉的社会，没有陌生人的社会"②。而通观整个中国乡土社会，寄居于其身体上的民间信仰，是关于民间的集体与个体的社会记忆，以熵化的形式，理性与非理性并存，并且将格尔兹所谓的地方性知识刻录在"乡土"这一独特的载体，形成了较为隐晦的以大地为场域的刻录系统，也形成了与宏大叙事差异性明显的另一种隐性历史，如刘平所述："直观而言，中国社会可以分为显性的与隐性的两个层面。作为另一个中国，秘密社会，或曰地下社会，是中国社会的真实模拟。"③中国西北地区，历来就是民间宗教发源、昌盛的地区之一。在广阔的汉族区域、多民族混杂区域、少数民族地区，无处不闪现着民间乡土信仰的踪迹。而甘肃兰州这一古丝绸之路的重镇，自古至今政治、经济、文化多向交流汇聚，其历史地理空间的宗教文化尤为突出，而在错综

---

① 褶皱，来自法国哲学家吉尔·德勒兹著作《褶子：莱布尼茨与巴洛克风格》一书的核心概念，代表在哲学过程本体论以及思维方式上将单子引申处的褶皱和艺术表征联系，从一到多展开进行复杂、多元的表达构建。因陀罗之网是印度文化中充满隐喻的神话之一，天神之王有一张神奇的大网布满宝石，每一颗都折射出绚丽的光辉，构成了一和多的微妙神异关系。

② 费孝通：《乡土中国·生育制度》[M]，北京：北京大学出版社，1998年版，第7—9页。

③ 刘平：《中国秘密宗教史研究》[M]，北京：北京大学出版社，2010年版，第1页。

复杂的各类宗教现象之下，兰州所辖区域之一的西固地区民间信仰参构其间，历史地理空间、媒介生态环境、信仰组织及方式、信仰媒介的传播等，都极具典型性的构建了，以大地身体为载体的兰州西固乡土社会刻录系统中内容庞杂的谱系，这一谱系之中，"民间信仰有着重要的文化价值，是文化生态不可或缺的组成部分，并具有传承传统文化的作用和文化功能，包括文化教化、社会控制、民族认同等，对保证社会秩序的正常运行具有十分重要的意义。"① 所以这一扎根于兰州西固地区乡土社会的信仰"表面多样性的背后，中国民间（宗教）有其秩序……中国存在一个宗教。"② 这一宗教形态也是汉学家格加特所认为的中国古典文化传统的实践内容，是一个系统化的民间宗教源流史。

一、媒介生态环境

西固区为兰州市的辖区，位于甘肃中部陇西黄土高原西部，河谷盆地之中。东西长约 31 公里，南北宽约 29 公里，区域面积约 385 平方公里，占全市土地总面积的 2.94%。东南与七里河区和永靖县比邻；西北与红古区和永登县接壤；东北部分为黄河流区，部分与

---

① 崔榕：《民间信仰的文化解读—人类学的视野》《湖北民族学院学报：哲学社会科学版》，2006 年第 5 期，第 77 页。

② 王铭铭：《中国民间宗教：国外人类学研究综述》《世界宗教研究》，1996 年第 6 期，第 126 页。

安宁相接。地势西南高、东北地，南北两山向河谷川地倾斜，海拔1500—2000米。全区辖9街8乡，城市人口将近10万，农村人口将近8万。区境属于温带半干旱气候，年平均降雨量在300毫米—500毫米。媒介生态环境显示：少雨、干旱、临近黄河使得当地民间民众与"大自然依然保持水乳交融的亲密关系，确信天地之间，应以人为中心"①满足自身的信仰诉求。大量结合当地环境因素的民间信仰应运而生，例如与农业关联密切的土地神、龙王、财神、灶王爷等，自然崇拜在当地非但没有减弱反而得到了进一步加强，一些繁复的祭祀、祈祷仪式也成了副产品得以产生、稳固和发展，功利性主义驱使下选择出的多神崇拜体系在当地形成。

境内梁峁起伏，沟壑纵横，形成了西北坪台沟坡自然地貌，众多村落就坐落于平台与沟壑中，相互之间纵横交错，相间距离数公里到十几公里不等，例如柳泉乡、达家台、张家台、青石台、范家坪等，均属于平台村落。大金沟、小金沟、寺儿沟、颜家沟、老盐沟、达家沟等有沟壑村庄。不同村庄、不同的历史地理空间同时观照时间和空间，历史与地理交互作用，存在纵向与横向的交流传播关系，这种独特的媒介生态环境，将区域化的历史构建与乡土社会空间的生产紧密地结合在一起，亦将历史的创造建构与人文地理的构建构形结合在一起，并且在富有创造性的交流与联系中，村与村之间，村落与村落之间生成了诸多乡土习性的可能性，例如掺杂民间信仰的社火，清顺治、康熙年间，在西固境内的柴家台村盛行，一度走乡串村传播，

① 侯杰、范丽珠：《世俗与神圣——中国民众宗教意识》[M]，天津：天津人民出版社，2001年版，第17—19页。

最终形成了村村闹社火的可能性、共在性历史地理结构中的景观社会[①]。村落群性在景观营造的社火表征关系世界中，以相互关系作为维持景观存在的传播媒介，并非简单地以社火为媒介，进行的乡土社会集体有意识消费行为，而是以媒介生态环境下物质／精神可能的存在为传播媒介，所进行的建立在村落群性之间，全部乡土社会关系和乡土媒介景观上的整体运作体系。这一体系中群性思维特性渗透且体现于一切社会历史和地理空间，根植着理性／非理性存在，凝结在村落历史、地理空间、媒介传播的交叉关系中。梁峁坪台沟壑结构形成了一种具有偏向性、持续交流强度的乡村力比多经济，自振之域的强度稳态化，展现出千面坪台沟壑以及居间（in-between）动态变化生成的一致性历史地理空间平台，每一种相异地理村庄共享乡土媒介生态环境中的诸因素，各因素之间关系属于一种选言综合（disjunctive synthesis），也就是差异的非逻辑合并，从而保证区域化乡土习性质量非数量的多元性，这种异质因通过此在平台上的历史生成、嬗变或者融合，构形和拓展出了具有踪迹变化的民间信仰编年史。

二、历史地理空间

西固历史地理空间上，散播着 15000 年前，旧石器时代文化遗

---

① 景观社会：法国情景论发起人居伊·德波尔（GuyDebord）提出的重要概念，表示所有的生活都把自身多表现为景观的无限积累，群性日常性生活被五光十色景观包围，群性在景观营造的表征关系世界中，以相互关系作为维持景观存在的媒介。

址以及古人类活动踪迹；黄河西固段南岸，新石器时代的马家窑、半山、马厂以及齐家文化有 24 处；境内自古为羌戎游牧民族的活动区域，边陲重镇，夏、商、周时期，西固境内羌戎、月氏、匈奴活动频繁。秦朝划入版图，受陇西郡辖制。西汉汉武帝元狩二年，大行李息在西固境内临河筑城，汉武帝时在此设立金城县，取《墨子》"虽金城汤池"之义，昭帝始元六年，设立金城郡，辖金城县。三国时期，金城县隶属魏国凉州。十六国时期，金城县地先后为前凉、前赵、后赵、前秦、西秦、后秦占据，其隶属关系多变。金城县领属混乱不相统一。北魏统一北方后，金城郡、县隶属北魏统领，后为武始郡勇地县。隋唐时期，隶属兰州五泉县。五代时期为吐蕃领地，宋朝时候又被西夏占领。元明时，属地兰州。明弘治年间重建城堡，称为西古城。清朝到民国，境属皋兰县西乡，改名为西固城。新中国成立后更名西固区。由于其地理环境的特殊性，历来的统治者，都将其视为军事要地，设立军事渡口、要塞，成为兵家必争之地，至今城堡遗址多达 40 多处。而据部分家族谱牒记载，境内农户多为山东、江苏、山西等地移民以及军户。

朝代	时间	所属
夏商周	BC2100—771	羌、戎、匈奴
春秋战国	BC770—221	羌、戎、匈奴
秦朝	BC214	榆中县西部
西汉	BC121	金城县辖制筑城
新	AD9—24	金屏县辖制
东汉、三国、西晋、十六国	AD25—420	金城县辖制
西秦国	AD388	国都所在地
北魏、北周	AD420—581	勇田县西北部

续表

朝代	时间	所属
隋唐时期	AD581—907	五泉县西部
	AD763	吐蕃占领
五代	AD907—960	吐蕃占领
宋朝	AD960—1081	吐蕃占领
	AD1036—1081	西夏占领
	AD1081—1131	宋设置兰泉县辖制
金朝	AD1131—1225	兰州西部
	AD1225—1227	西夏占领
元朝	AD1227—1368	兰州西部
明朝	AD1369—1476	兰县西部
	AD1447—1644	兰州西峰里
清朝	AD1644—1737	兰州西丰里
	AD1738—1908	皋兰县西丰里
	AD1909—1911	西乡

　　历史地域性文明形成具有两种基本形式：突破性演进/断裂性结构，中国式历史地域文明是以连续性的时间—空间互动，以农业为基础，政治、经济、文化空间多向度交互，并且在地方性知识中附着着绝地天通的哲学，日常生活习性中保持着民神杂糅的色彩。当地梁峁起伏，沟壑纵横，形成的很多坪台地理结构，自然聚集了为数众多的村落，例如柳泉乡、达家台、张家台、青石台、范家坪等，这些坪台犹如块茎一般，结成了具有差异性、拥有地方性知识、深入当地群体习性的民间信仰多样化场域，从而形成了不同的祭祀圈以及祭祀仪式。这些场域各自为政又相互连接。个体拥有相对自主的信仰选择、特定的信仰逻辑，属于一种生成结构上的同质异构，也就是大传统相

同的情况下，各村落遵循自身特点构建自己的偶像崇拜、祭祀仪式，而位于不同位置的每个村落之间，在客观关系网络上又形成了开放式结构，所以整个地区的信仰处于一种双动力系统的控制，个体村落信仰的动力系统以及整个结构关系的动力系统。

其整体历史的连续性演进过程中，存在着两种有差异、螺旋式推进的历史叙述形态：即显性形态／隐性形态。所谓显性形态就是所谓的宏大叙事，遵循理性规则，进行人类历史的积累以及社会结构发生联系的政治经济等诸多领域的叙述，依赖宏大叙事历史事件，积极营造整个历史过程中的认知图绘，编写不同时间与空间的神圣／非神圣、超验／世俗的符码以及解码式传播。所谓隐性形态，如将整体历史的发展看做成一个有机体，在有机机体上，将社会记忆和群性／个体身体实践仪式或者符号化，在现实界域的叙述多以隐性、非理性、非官方构建，但是又与显性历史叙述交互构成整体历史，作为兵家必争之地的西固，历来有多种民族活动的迹象，一个动荡的地区滋生了民间信仰的力量崇拜、英雄崇拜，有了百姓渴求安宁的诉求，在群性心理上具有信仰的潜在意识，同时神性力量的潜在诉求为以后秘密结社的传入预留了心理层面的共感，从而与一些秘密结社结合，异延出了后来的外化叛乱现象；另一方面，多民族的存在，使得主体汉族民间信仰结构中，如同莱塞讲到的"涵化就是两个文化的元素混合或合并的过程"。[①]形成了留存有多民族元素的民间信仰意识或者外在形式。

所以整体历史地域化的叙述"就像神灵世界的官僚制喻象一样，

---

① M. J. Herskovits, Acculturation–The Study of Culture Contact, p. 6.

在历史进程之中，相关性宇宙论的范畴逐渐吸收到了民间文化结构
中……极大地影响了人们的生活……并且在某种程度上还为精英与民
间所共享的许多信仰提供了一种解释性的理论"①。运用这种理论纵观
西固境内的宗教史，其构成形态可分为（1）即成宗教也就是正统宗
教中的佛、道、基督教、天主教、伊斯兰教；（2）"类似宗教"②日本
研究者也称其为"乙种宗教"具有明显的地下结社特点，是为民间信
仰隐藏史构建形态之一，日本学者长野朗的《中国社会组织》认为这
种形态的民间信仰"形态并不单一"、"其色彩具有宗教性的、政治性
的、匪徒性的、还有带有工会性的"③（3）乡土民间信仰，也称为"土
俗信仰或曰街头信仰，其特点是自然崇拜和举行降神附体"④而乡土民
间信仰历史的叙述与整体西固地区历史关联最为隐蔽也最为深刻。

三、遗迹遗存信息

在西固地区出土的大量新旧石器时代的文物媒介，传递出原始人

---

① ［美］本杰明·史华兹著：《古代中国的思想世界》[M]，程刚译，刘东校，
南京：江苏人民出版社，2004年版，第42、4425页。

② 孙江，《在中国发现宗教——日本关于中国民间信仰结社的研究》《文史
哲》，2010年4月，68—81页。

③ ［日］长野朗：《中国的社会组织》[M]，行地社出版部，1926年版，第
161、162、183页。

④ ［日］长野朗：《中国的社会组织》[M]，行地社出版部，1926年版，第
161、162、183页。

类存在的信息，一些遗址、文物显露着浓郁的原始宗教信仰的气息。汉朝时代的大量墓葬群中出现的尸骨下面，铺暗红色、灰色粉末以及陶制器形，这些考古发掘出的遗存媒介透露出远古时代民间灵魂崇拜的可能性存在。

　　从整个西固区域墓葬遗址、文物遗留上看，这些遗存构成为了当地原始宗教的镜像阶段，也就是原始宗教现象的一种强力折射。原始人活动的证明了宗教文化的主体存在，因为宗教本就是人类思想的高度外化反映。西固境内大量彩陶、劳动工具等文物的出土，从一定意义上说明新旧石器时代的当地充当了以后宗教信仰现象"发生源"的角色，那些带有明显原始宗教痕迹的当地民间信仰在其历史维度上拥有了"元信仰"母体，原始文化为当地文化的发展奠定了基础，设置了前设性条件。

　　大量汉代墓葬群的存在，其一，说明尊祖意识的大量存在，影响着以后当地的宗祠文化、墓葬文化和民间死亡文化，使得这些因素都成为了民间信仰不可或缺的来源；其二如泰勒所说，人的灵魂概念应当是关于灵魂的第一个概念。西固玻璃棉厂汉墓群中的尸骨底下都铺有一层暗红色及灰色粉末。表明灵魂概念在汉代的金城已经存在，这就一方面"因为生和死、健康与疾病是植物和动物共有的现象，于是把某类灵魂也加到他们身上就是十分自然的了。"[1] 为后来神性的塑造逻辑做了有利铺垫；另一方面，正如靳凤林所说："人是基于死亡意识而建构生存信念并使之外化为外化为文化创造活动的综合统一的历

---

　　① 金泽：《宗教人类学学说史纲要》[M]，北京：中国社会科学出版社，2009年版，第84页。

史性此在"① 死亡意识的基本内核就是灵魂观念，人死之后灵魂的继续存在进一步细化，从而有了灵魂迁移的理论，也"导致了关于无形而不死的灵魂的先验论"② 产生了影响巨大的鬼魂学说。

历史上西固地区战略地位突出，多为兵家必争之地，使得境内城堡、村堡林立，十六国时期古城子城堡、西夏的张家大坪堡寨等各时代城堡二十几座，其中西古城遗址为宋元丰四年修建，明弘治十二年兰州卫指挥使周伦重修，明代兵部尚书彭泽撰写《西古城记》。据清朝同治元年城堡图记载：此堡城头正南三关殿居中，正北有祖师殿，东南角为魁星阁，西南角是火神殿，东城门有东岳楼，西城门有财神楼子，城中还有马祖庙、钟鼓楼、城隍庙。由此看出，在城堡建设上为神的居所进行了精心的布置，构建出了一个多元神系在同一空间的信仰祭祀场域。由于"民间信仰神祇功能芜杂，祭祀组织的产生和发展一般历史悠久，神祠祭祀空间因而具有多种不同的空间内涵"③ 这些功能不一的神灵与整个城堡的民众日常生活、经济、文化、政治构成了巨大的公共领域，是一种神性力量向世俗空间展现的有力证明，由此可以推论，在整个古金城辖区内，各个城堡、村堡都会在空间布局上为神灵建造居所，规模不一，城堡与城堡相连，民间信仰的力量通过空间上的建筑景观得以展现。信仰意识的存在"它能观照到，存在

① 靳凤林著：《死，而后生：死亡现象学视域中的生命伦理》[M]，北京：人民出版社，2005年版，第1页。

② 金泽：《宗教人类学学说史纲要》[M]，北京：中国社会科学出版社，2009年版，第85页。

③ 郑衡泌：《基层行政区划型民间信仰祭祀空间结构及其特征——以泉州东海镇典型村落为例的研究》，《世界宗教研究》，2011年第6期，第72页。

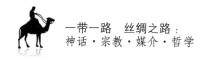
的生活世界不仅创造性的处于历史的构建，而且还创造性的处于人文地理的构筑，对社会空间的生产，对地理景观永无休止的构形和再构形：社会存在在一种现实是历史和地理的语境化中被积极的安置于空间和时间。"①

　　甚至有些城堡遗存，至今信仰力量依然浓重。例如，古城堡西门的财神庙，随着时间的推移，转化为孙家庄的村社主要神庙，当地围绕着财神庙建设了西部地区大型批发市场，生意兴隆，这使得财神庙的祭祀仪式具有了现代意义，神性得到了延伸，具有了新的涵义。正如田中一成所述，这种面对市场的祭祀："是以农村祭祀仪式为母体而形成的，促使祭祀仪式向戏剧转化的各种社会性契机——人们对宗教礼仪的畏惧情绪减弱，能比农业神崇拜包容更大范围社会阶层的都是信宗教的产生；祭祀礼仪的世俗化；祭祀组织的扩大，等等——在以"墟城"为中心的农村中小市场中最早成熟，并显现了最有效的功能。"②

四、民间秘密结社

　　兰州市西固区历史地理空间上的整体民间信仰史，呈现出：秘

---

　　① ［美］爱德华·W·苏贾：《后现代地理学——重申批判社会理论中的空间》［M］，王文斌译，北京：商务印书馆，2004年版，第16页。

　　② ［日］田中一成：《中国的宗族与戏剧》［M］，上海：上海古籍出版社，1992年版，第3—4页。

密结社 / 乡土信仰，相互交错，叠合发展势态。明朝嘉靖年间，大乘门、白腊会相继传入甘肃境内。大乘门由吕菩萨创立后"将无生老母和佛教观世音菩萨合二为一，临凡转化为其创教祖师——吕祖、归圆，使吕祖、归圆变成人世间当然的救世主。"①本派拥有宝典，是一种借助佛教思想但是混杂道家理论，在民间广为传播的信仰形式。白蜡会又名三阳会、玉华会、蜡会、蜡头子会。

　　清代，速报门、无字门、瑶池道、一贯道等 20 多种秘密结社相继传入甘肃，发展很快。到 1949 年全国解放时，全省有一贯道、无极道、皇坛、瑶池道、中华理教会等会道门 50 余种。道首近六万人，道徒近百万，分布在 67 个县（市），尤以兰州、武威、靖远、会宁、通渭、民勤、秦安、静宁、张掖、酒泉、武都等地为最多。②其中在兰州西固区地界上农村活动的秘密结社就有一贯道、无极道、道德会等十多个。一贯道，在学者李世瑜的《现代华北秘密宗教》一书中对其传承进行了详细的考证，研究得出其为多种民间宗教的混杂体，而清代之后由王觉一"以算卦为名，深入民间传教""主要有传授三宝和扶乱"③建立起等级鲜明的组织结构，在整个中国影响力巨大。1940年传入甘肃后，该教派传教势头迅猛，拥有教众六十六万，并与反革命分子勾结，最终在政府多次取缔下消失。

---

　　① 马西沙、韩秉方：《中国民间宗教史》[M]，上海：上海人民出版社，1992年版，第 504 页。

　　② 中国会道门史料集成编纂委员会：《中国会道门史料集成》（下），中国社会科学出版社，2004 年版，第 1166 页。

　　③ 濮文起：《秘密教门——中国民间秘密宗教溯源》[M]，南京：江苏人民出版社，2000 年版，第 251—362 页。

无极道，元代河北梁城人韩学究创立，1931年传入本省皋兰。该道名目繁多，系统不一，在甘肃尚有变体白莲教、神坛教、大刀会等。1951年，无极道有道长以上道首208，道徒6747人。主要活动在皋兰县东南部和城北的兰谷、中山乡，榆中县的金崖、岳家巷道及西固的石岗（这一带曾是柳泉乡迁移前旧村址）、钟家河一带。后在中统特务的鼓动下，该道参与反革命叛乱，扬言"六日内攻破兰州，打西安保主立帝坐天下"被政府取缔。

道德会，1955年8月，古浪、兰州等地发现道德会，他们大肆造谣惑众，遂被明令取缔，道首郗耀卿、刘振清、郑宗堂等被依法逮捕，其余道众230多人登记退道。除此之外活动在兰州地界上被取缔的还有瑶池会、保皇党、理教、同善社、心天道龙圣教会、救世新教会、刘伯温道、万花坛、先天道、黄天坛、崇道善堂等。据相关资料显示：新中国成立后，西固区境内有众多村社居民，受秘密宗教蛊惑，参与叛乱。1951年，张家大坪及大滩村部分农民参与无极道叛乱。该区先后清理一贯道教徒782人，无极道教徒835人，其他教派教徒1245人，有73名中小道首自行向政府登记。

教派名称	历史	经典教义	范围
一贯道（中华道德慈善会）名称取自孔子"吾道一以贯之"	源于明末清代罗祖教；中期清末王觉一东震堂；清末光绪年间刘清虚创立一贯道	《五部六册》；《佛说皇极金丹九莲证性皈真宝卷》及《开示经》；五教合一的多神教，宣扬封建迷信	西固境内三分之二村社
无极道会（太极道）	元代河北梁城人韩学究创立；岳善恒（董遵岳）甘肃无极道创始人	亦佛亦道，无极老母，宣扬封建迷信既有社会破坏性质	西固张家大坪、大滩村、石岗村、钟家河村

续表

教派名称	历史	经典教义	范围
道德会（道德学社）	1916 年由段正元创立，1936 年在鞍山建立的道德会，为满洲帝国道德会分会组织	以人社、拜门、立命、祷告消灾、伪道德修行等形式进行具有社会危害行为，具有封建迷信性质	西固张家大坪、大滩村一带

　　一贯道、无极道、道德会等诸多秘密结社进入到西固当地信仰结构中，无论是主动接受还是被动对抗，这种跨类别跨地域的传播，都会首先运用互渗律侵凌对方的薄弱圈体，在西固地区显示为农村偏远地区。只有相对弱势的文化总圈体全面开放自身拥有的内外系统，或言两种文化涵化过程中，核心力敞视开启并运动活跃，调动各种圈体力量，两种文化圈体的真正涵化才会产生结果：要么辐射会聚产生把弱势圈体同化的现象，要么产生涵叠现象，只是局部次级文化圈出现共文化现象。涵化是由两个自立的文化圈体相连接而发生的文化变迁，这种文化变迁将导致一方或双方原有文化模式的变化。而在文化变迁时，位于文化总圈体核心层的显在政治力、经济力以及潜在的思维意识形态，都必须进行必要的认知准备，让共文化理论所属圈体在总文化圈体结构中整合、凝塑已有资源，开启端口，进而进行跨地区、跨文化的信息交流。所以特恩沃尔德认为"涵化是一个过程，不是一个孤立事件。"[①]

　　首先，作为类似宗教的外来秘密结社和作为本土乡土信仰的民

---

　　① 黄淑娉、龚佩华：《文化人类学理论方法研究》[M]，广州：广东高等教育出版社，2004 年版，第 226 页。

间文化，进行了所谓的涵化过程，这使得很长时间两种地下隐藏史的线索脉络叠合在一起，在同一大地身体上刻录、异延出了复杂纷繁的下行历史。其次，在传播端口的选择上秘密结社以其类似与主流宗教的形态，比如体系组织完善、拥有经典等优势，对当地民间信仰进行了有效的信徒吸纳。而这种传播非但不是单向度的反而是一种多向度的互动，因为秘密结社在侵入村社乡土信仰，进行信仰符码改写的同时，自身信仰也同时进行着改写，而多种秘密结社在自身改写的同时又相互间发生共鸣，其异化出的信仰内容就更加复杂，往往杂糅儒释道内容，结合当地实际，变异出极具渗透力的思想内容。最后，孔德根据布兰维尔在比较解剖学中对生物现象所作的区分，将社会现象的形成原理归结为两个大的动力系统，静力学和动力学。孔德认为"社会静力学研究社会存在状况，类似解剖学中的组织；社会动力学研究的社会变迁过程，类似生物学中的生命定律。"[①] 借用孔德的动力学理论我们看到秘密结社各教派与西固境内民间信仰互渗之后以各种静态存在，深入到了社会肌体的各个组织层面，成为了一种力。但是在动态的发展过程中很多秘密结社成为了阻碍社会存在的恶力，政治力在很长一段时间扮演了消灭秘密结社的主力，但是同时一些善于自律的秘密结社，在没有越轨行为、单纯从事信仰活动的情况下得以存在，并且转为更为隐秘的生存态，成为现代意义下，民间信仰结构构成一大因素。

---

① 宋林飞：《西方社会学理论》[M]，南京：南京大学出版社，1997 年版，第 5 页。

五、民间信仰块茎结构

兰州地区整体宗教信仰结构类型，表现出主流结构／亚结构、上行宗教景观（即显性宏达叙述下的大写宗教历史脉络）／下行信仰景观（隐性微观叙述下的小写信仰历史脉络）两种历史发展结构。

单就区域划分上的西固地区来看，其主流宗教结构，因地域、生存空间、民族差异，主要形成了汉传佛教、伊斯兰教、基督教、天主教、道教，这五大体系。目前西固有 1990 年，在陈官营（祖师殿）、范家坪（纯阳宫）、西固城（城隍庙）、西固柳沟大坪（土主庙）等地有道观 16 处，道姑 3 人，道士 15 人；佛教活动场所有西固河口的莲花山菩萨殿、柳泉乡的长庆寺、范家坪的慧光寺、新城的石佛寺共 4 处，僧人总数 10 人；清真寺位于西固庄浪路南侧，全区穆斯林回民 4500 多人；天主教堂两处，分别位于新城下川村、陈官营丁家庄，信教人数 1500 人；基督教活动场所两处，西固城、东川乡，基督教徒 1300 多人；

宗教类别	主要宗教场所	教职人员	信教人数
佛教	莲花山菩萨殿 柳泉乡长庆寺 范家坪慧光寺 新城的石佛寺	10 人	虔诚信仰者万人以上，普通信仰者也可达 10 万左右
道教	陈官营祖师殿 范家坪纯阳宫 西固城城隍庙 柳泉乡土主庙、祖师殿	道姑 3 人， 道士 15 人	虔诚信仰者千人左右，普通信仰者往往与佛教混杂信仰供奉
伊斯兰教	西固庄浪路南侧清真寺	阿訇 1 人	信教人数 4500 左右

续表

宗教类别	主要宗教场所	教职人员	信教人数
天主教	新城下川村天主教堂 陈官营丁家庄天主教堂	2 人	1500 人
基督教	西固城基督教教堂 东川乡基督教教堂	2 人	1300 人

　　主流宗教通过自我结构中稳定的宗教观念、宗教体验、宗教行为、宗教制度，不断积累成社会场域中的宗教景观，并以一种系统化、网格化、层级式的方式构造，根植于各自宗教核心思维之上，形成自我同一、内聚外延、再现神性意义之上的显性树状结构。这种显露于地面之上的主流宗教树状结构，其树状最核心便是各自宗教教派的教义、教理，依次向外可视的树状表层、枝干、树叶便是宗教体验、宗教行为、宗教制度，主流宗教具备了"宗教四要素说，揭示了宗教的本质及其基本内容，把宗教与非宗教明确区分开来"[1]

　　相对主流宗教而言，在主流宗教的空间场域中，一种所谓的下行信仰景观，以一种隐性微观叙述的姿态，书写着有别于主流宗教的民间信仰。正如习五一所述："民间信仰是一种原生态乡土文化，它不具有制度化宗教的坚硬外壳，但是具有泛宗教文化的内涵因素。民间宗教信仰具有悠久的历史渊源和深厚的民众基础，所以生生不息。"[2]而这种生生不息的民间信仰呈现出了一种根植于乡土、具有大量隐喻

---

　　① 吕大吉：宗教学通论新编［M］，北京：中国社会科学出版社，1998 年版，第80 页。

　　② 习五一：《当代社会民间信仰的一个雏形》，北京：《中国民族报》，2007 年第 6 期，第 1—3 页。

的隐藏式块茎结构。从生物学角度讲，块茎是指在土壤浅表层匍匐状蔓延生长的平卧茎，与主流宗教树状结构有中心、有规范、有层级的结构模式具有先天的差异，其特征展现为无中心、无规则、多元化形态，块茎根系斜逸横生，异延莫测，如果主流宗教的树状结构在地面之上茂密繁盛的话，那么民间信仰的块茎式结构更是以一种肆意蔓延的姿态，广泛的生长在乡土之下，西固境内的主要村落为2镇4乡41个行政村，地理空间上以西固城为中心，东西走向，分布在坪台与沟壑中，平均每个村落以神汉、神婆身份从事宗教活动的实数有5人左右，例如柳泉乡1个乡镇5个村，有男性神汉1人、神婆5人。通常神汉神婆以自称仙人下凡，民间成为顶爷下界，分为斗战胜佛、菩萨爷、二郎神、龙王爷等，名目众多，2000年之前以地下开坛性质，在家设坛进行宗教活动，近些年少数神汉、神婆以募资资金、挂靠寺庙道观的方式，修建宗教建筑及场所，出现由地下浮现地上的势态，其信众虽较为松散，但数量巨大，往往充当了信仰传播的直接媒介端口。

第一，民间信仰的块茎式结构是开放式的构成了多元化的入口、出口和自身的逃逸线，也就是说民间信仰属于一种较为明显的地方性知识。但是相对于主流宗教，其结构由封闭的隔离状态深入到了社会肌体的每个微观角落，是一种全景敞视主义、微观化以及混合型的自生结构。它没有严格的戒律、无需信仰者恪守戒律、没有同一的经典教条（即使看似相同名义下的信仰类型），但是它却以具有象征隐喻内涵的巫术仪式技术媒介，将自身的神性力量巧妙的编制到了乡土之下，出入自由，为了确立自身的神圣结构，它无需界限分明的，在自我体系中繁殖，而是像自由离子四散逃逸与各种有助于自身的因素结

合，比如广泛的从主流宗教佛、道吸取养料，从民间神话中汲取营养并生发出更令自身神奇异常的传说。这种万物皆为我所用的聚合性构建使得民间信仰块茎结构信仰力量几何增长，而且更为基础、微观、技术性的运转在乡土空间甚至城市之中。

第二，金泽认为民间信仰是一种普遍理论与地方性知识相结合而形成的"中层理论"[①]模式，这种模式恰恰就是民间信仰的块茎式结构，它不同于主流宗教以宏大的仪式、寺庙景观的建立、体系完善的经典进行运作，而是在各自身处的乡土空间与宗族、原型神话、地方神系、鬼文化等发生关联，在地面之下多元生成法国哲学家德勒兹和伽塔里所谓的"千高原"[②]。民间信仰块茎结构一旦生成这种地面之下的无数高原似的平台，在整个乡土层下，其内部的多元因素，便会急速的结成信仰强度稳定化的信仰圈，而在相互关联的又有所差别的平台上很多信仰圈发生多向度可逆互渗，增加了构建因素，使得民间信仰逻辑形式、思想来源更具有广阔性，任凭信仰主体自由游牧式的驰骋。在整个乡土空间的地下形成块茎，每一个块茎构成一个一致性的媒介信息平台，这是一种构建民间信仰的异质因素共享的平台，但是作为民间信仰的主体（一般是指巫师）会进行选择性的自我构建，也就是对差异的非逻辑合并，它要保证的是一种（民间神性）质而非量的多元，在此多元下随着块茎不断的延展，在不同个体的意识中便会留下信仰踪迹。这种下行民间信仰块茎隐藏史的书写，注定是在多元

①　金泽：《民间信仰：推动宗教学理论研究》，《中国宗教报告（2008）》，金泽、邱永辉主编，北京：社会科学文献出版社，2008年版，第39页。

②　［日］篠原资明：《德勒兹——游牧民》［M］，徐金凤译，刘文柱校，石家庄：河北教育出版社，2001年版，第105—112页。

中排出唯一性进行的，其地下匍匐衍生状态也注定了其隐性，它本质上看似无规则、无中心、多向传播，但是普遍的存在性、多样性、拓展性使得其历史的书写较之主流宗教的显性史轨迹追溯更具图景的表达。

第三，如果说主流宗教是一种有器官的身体，即大量的日常机构——宗教建筑的存在，构成树状结构宗教类型的话，那么块茎结构式的民间信仰则是无器官的身体，也就是往往没有主流宗教那样的宗教建筑、组织、制度，即使特例中出现象征信仰的建筑，也表现出了一种迫于政治力、经济力等的作用，所表现出的对主流宗教的戏仿。无器官的身体基本上是部分客体（各种源头材料汲取上）的一种聚合，就像不同的系谱学文化符号刻录在了最初的载体之上，所以民间信仰的价值意义是从这种刻录有起源神话、元神圣、血缘祭祀、图腾崇拜的原始身体的编码、刻录中诞生的，正如铃木岩弓所说的："民间信仰是原始宗教的残存、自由性的信仰以及组织化宗教的衍化、曲解、混淆等。"① 所以民间信仰属于一种解辖域化的过程，也就是说它与主流宗教树状结构的辖域化、制度化、固存化的稳定状态恰恰相反，首先在信仰心理层面颠覆了拉康式的辖域化表述，也就是民间信仰力量呈现出一种自由流变、相对未定型的形式，在主流宗教树状结构地面压力、政治力、经济力、文化力空间力量的施力下，通过无器官身体上的刻录残留以及在栖居的强制性社会空间和思想结构处中逃逸而出"逃逸线"具有生成性、开放性、流变性的进行着民间信仰块

① ［日］铃木岩弓：《"民间信仰"概念在日本的形成及其演变》，何燕生译，山东：《民俗研究》，1998 年第 3 期，第 31 页。

茎结构的编码、解编码、再编码过程。

第四，主流宗教是有机论科层化、具有中心等级的庞大体系的话，那么民间信仰的无器官身体则是解科层化、非中心化、习性色彩浓厚的身体，它表现出了从"空虚的无器官身体"也就是静态个体，无强度流的主体性栖居到"充实的无器官身体"也就是建构性的与所有装配共享的空间领域、强度流稳定的乡土大地，无限链接，扮演综合、混杂的角色转变过程。除此之外，单一的无器官身体往往表现在特殊化的民间信仰仪式中，通过指向性的符号、行为、戏剧拟像来完成一种聚合性器官身体的存在以及在块茎结构中的系谱网络定位，例如八月十五，徐性神汉在家中举行的宗教仪式，将自己扮演成弥勒下凡，以说唱形式进行告诫及信徒问答，并且用朱砂笔在黄纸上书写所谓神降符号，整个过程符号、行为构成起了戏剧式的拟化神降。相对于整个民间信仰块茎结构而言，每个单子个体块茎是一部特定地域的历史条件所形成的亚文化群体的集中反映，民间信仰隐藏的总体本原在各个单子的共现中得以显现，而这种显现必须通过参与的方式进入，这种参与必须是双重的，分为 emic/etic，所谓 Emic 是一种信仰持有者内部视界、认知的进入，代表着民间信仰层面的世界观以及超自然的感知所进行的块茎单子内部的描述，形成了民间信仰块茎单子内部知识体系的历史。而 Etic 是一种他者外来的视角，采用了现象学的描述，对块茎单子的外形及场域环境进行观察，从而形成了动态变化的历史。

第五，民间信仰的块茎结构实际上是一种乡土习性的表达，一方面是乡土空间的主导原则内在化和具体化之后，在行为个体身体上结成的性情结构、祀神情愫等的意识沉淀，另一方面是与乡土习性结合形成生成性块茎结构，进行着与民间信仰有关的一切具体实践行为。这种乡土习性的表达最为直接的体现就是民间信仰的语言层面的表达，这种表达与亨利·戈巴尔的四种语言模式相似：（1）方言：乡土地缘上的母语，具有乡土历史渊源，在很多民间信仰场域是为基础性交流言语。（2）媒介语：这是一种特定场域环境下的语言表达，在祭祀、供奉、进香等民间宗教仪式中使用。（3）参照语：民间信仰者们依据的一些拼杂而来的所谓经典的文本表达。（4）神话语言：神话语言是方言、媒介语、参照语最终指向语言，在开坛、上身等神秘仪式中，中心人物所说的语言往往被说成是神的话语，具有不可抗拒性、指令性。民间信仰的块茎结构相对于主流宗教的树状结构，在一定意义上具有消解性，也就是力的抗衡，在混杂相交的民间信仰地带生成多力抗衡的空间效果。例如在乡土空间的布局上，主流宗教体系、宗族祭祀体系、民间信仰体系、日常生活秩序等，许多力进行着多声部的融合与抵触成为多力抗衡的场域。

结　尾

甘肃兰州西固区的民间信仰块茎结构，其结构要素来源并非单一，而是西固媒介生态环境、历史地理空间、遗迹遗存、秘密结社诸多因素影响下，与当地地方性知识、乡土文化、村民日常性生活融合，构建起来的一种具有凝聚式扩散传播的信仰形式，其动态化的发展势态书写了不同于主流宗教的信仰景观。

村落空间场域结构下的民间信仰形态

——基于甘肃兰州西固区柳泉乡的考察

文明的形成具有两种基本形式：突破性/连续性，突破性文明呈现断裂结构，附着着人为因素对媒介生态环境的把控；连续性文明，保持着民神杂糅的色彩，构建着人与媒介生态环境的关系共在。以农业为基础的中国式文明，在其连续性演进的民神杂糅过程中，存在着显性形态/隐性形态的历史叙述。显性形态的宏大叙事，遵循理性规则，进行人类历史的积累并且与社会结构发生联系，依赖宏大叙事积极营造整个历史过程中的认知图绘，编写不同时间与空间的神圣/非神圣、超验/世俗的符码以及过程化解码；所谓隐性形态：将整个历史的发展看做成一个有机机体的话，那么在这个有机机体之上，社会记忆和身体实践，就不单单呈现出显性的精英化宏大叙事，"就像神灵世界的官僚制喻象一样，在历史进程之中，相关性宇宙论的范畴逐渐吸收到了民间文化结构中……极大地影响了人们的生活……并且在某种程度上还为精英与民间所共享的许多信仰提供了一种［解释性］的理论"①这种关于民间的集体与个体的社会记忆，在中国常常是以熵化的形式，理性／非理性并存，借助乡土社会这一载体，刻录地方性知识，形成了较为隐晦的以大地为场域的刻录系统，也形成了与中国显性宏大叙事差异性明显的另一种隐性民间历史。

作为隐性民间历史的子项"民间信仰有着重要的文化价值，是文化生态不可或缺的组成部分，并具有传承传统文化的作用和文化功能，包括文化教化、社会控制、民族认同等，对保证社会秩序的正常运行具有十分重要的意义。"②所以这一扎根于乡土社会的信仰形态"表面多样性的背后，（说明）中国民间（宗教）有其秩序……中国存在一个宗教。"③这种中国乡土社会特有的民间宗教形态，在中国西北甘肃地区乡土社会空间中，尤其是笔者所考察的甘肃兰州西固区柳泉乡及周边村落中，往往在其地理空间上，外在化的以寺庙、宗祠、墓地、屋宅等实体存在为信仰信息媒介场域及载体，内在化、隐藏式、无声的传播着民间信仰与天、地、人交互式的信仰文化信息。在历史上这种甚至明显"带有原始宗教痕迹的低层次的宗教现象"④，曾经一度以看似是以非理性来揭示、探知不可获知的事物及领域，而看似高层次的宗教信仰形态以理性的姿态出现，使得非理性躲在了暗处，成

---

① ［美］本杰明·史华兹：《古代中国的思想世界》，程刚译，刘东校，南京：江苏人民出版社，2004 年版，第 424—425 页。

② 崔榕：《民间信仰的文化解读—人类学的视野》《湖北民族学院学报：哲学社会科学版》，2006 年第 5 期，第 77 页。

③ 王铭铭：《中国民间宗教：国外人类学研究综述》《世界宗教研究》，1996 年第 6 期，第 126 页。

④ 罗伟虹：《中国的民间信仰探讨》《社会科学》，1994 年第 8 期，第 55 页。

为一种隐藏潜在状态。但是这种播撒在乡土社会土壤深层的信仰种子，犹如夸克分子①一般，在乡土社会的"褶子"②之间，用非理性媒介技术手段，真实传播着自身的信仰信息，异延③出广泛的信仰踪迹，呈现着与高层次宗教差异性的块茎④状态。正如日本学者姊崎正治在其《中奥的民间信仰》一文中所说："任何国家作为有组织的一派正统宗教居上统一并感化民心，同时，在民间又有与该正统的组织化的宗教多少相异的信仰习惯。"正是这种与正统宗教有所差异的信仰，丝毫没有"摆脱自发、自然、自在的本色"⑤反倒居于乡土空间集体意识/潜意识的核心，极具僭越、越轨式的生成民间信仰体系支配下的群体/个体化实践、刻写实践以及信息的编码与解读，日益成为布尔迪尔所称的习性，成为不断被建构的乡土习性结构和建构中的亚文化

---

① 夸克分子：法国哲学家吉尔·德勒兹、菲利克斯·加塔利游牧思想中概念，克分子代表生成一元主体前的封闭性文化，结构，而分子代表生成后具有流动变化的文化结构。

② 褶子：又称为褶皱，来自法国哲学家吉尔·德勒兹著作《褶子：莱布尼茨与巴洛克风格》一书的核心概念，代表在哲学过程本体论以及思维方式上将单子引申处的褶皱和艺术表征联系，从一到多展开进行复杂、多元的表达构建。因陀罗之网是印度文化中充满隐喻的神话之一，天神之王有一张神奇的大网布满宝石，每一颗都折射出绚丽的光辉，构成了一和多的微妙神异关系。

③ 异延：法国哲学家雅克·德里达著《写作与差异》（Writing and Difference）1976中异延思想"异延"代表一切差异的根本特征，也包含全部差异。它存在于一切在场、实在与存在之中，在颠覆现有的结构中呈现自己的存在，与播散一起成为一种哲学意味上的变体存在。

④ 块茎：德勒兹概念，此处指民间信仰在地下以如同块茎植物形态，拓扑繁殖与延伸。

⑤ 巫丙安：《中国民间信仰》，上海：上海人民出版社，1996年版，第4—14页。

结构习性，构成了"千千万万底层群众的笃诚信仰，影响着各个地区的民风、民俗和下层民众的思维方式，并对中华民族性格的形成起过不可忽视的作用"[①]。

一、民间历史环境中的信仰媒介

柳泉乡位于西固境内自然形成的梁峁坪台——柳沟大坪上，东与西固乡西固村、桃园村相邻，西至东川乡梁家湾村，南与永靖县陈井乡、关山乡接壤，北至黄河北岸，与西固乡柴家台村隔岸相望。东西长 4.2 公里，南北宽 7.6 公里，总面积 17.87 平方公里，人口一万有余，划分为五个自然村，分别为西坪村、中坪村、东坪村、岸门村、漫坡头村，其中岸门村因其明代为边墙，设有村堡而得名。

柳泉乡原名西柳沟，境内白家岸门、西柳沟、柳沟街早在明永乐年间就见诸史册。民国时期，原西柳沟尚未迁移到坪台，位于山下大道边上，从西柳沟东庄至岸门口一带开设商铺。村落内建有大姓祠堂，据考察时老人回忆有陈氏、刘氏等，祠堂为砖木结构，门窗、梁柱都有精美雕刻，其主殿堂内供奉大姓家族列祖列宗，大多留有家谱，以《陈氏家谱·家训》最为出名。据史料记载，唐代西柳沟建有佛教寺院长庆寺及道观多处，后存在的宗教信仰建筑主要位列当时的

① 马西沙、韩秉方：《中国民间宗教史》，北京：中国社会出版社，2004 年版，第 2 页。

山脚下，有祖师殿、菩萨殿、还有位列村落之中的土主庙。民间开坛请神现象频繁，还有部分村民参加了秘密结社，进行地下民间宗教活动。庙会、社火、丧葬安置等事宜上均有仪式进行。在日常生活中，一些限于能力无法处理的事情，皆要"外科收拾一下"也就是以民间信仰的方式进行简单或者复杂的仪式处理。

新中国成立后，柳泉乡、柳荫乡合并为兰州市第五区第二乡，包括柳沟街、柳沟石岗、柳荫堡、岸门、漫坡头、大湾6个自然村，其中石岗地区村民参与秘密结社的情况有所记载，漫坡头、大湾一带有关于猫鬼神信仰的传说。1958年，因为兰州化工厂的建设，位于柳沟街、柳荫堡、石岗一带的村民被迁移到位于南面平台上，柳沟大坪正式形成。1959年，柳泉乡建制将桃园、柴家台、张家大坪划入。前一年拆除了柴家台藏传佛教寺院幸福寺，其寺院位于柴家台村东头，坐北朝南，历史上是明末柴启峰、柴启明等人筹资修建的柴家家庙，俗称牛魔王庙。寺院前后五院，一院为喇嘛住所；二院有3间大殿，供奉着善巴爷和大经爷，并置两顶木轿，藏有经卷6卷。东西各有两层钟鼓楼，大殿东侧为百子宫，内塑三霄娘娘和百字游戏，院中有神楼、古柏、厢房；三院有一座3米高，重一吨的八卦天神炉，殿内三尊佛像、八大金刚位列左右，此处为佛事活动中心。院内东殿供奉地藏菩萨，西殿供奉观世音菩萨；四院正殿供奉关圣帝君，殿内绘制出五关斩六将壁画，厢房内供柴氏祖宗画像及家谱；五院正殿供奉护法天尊，为活动机关，可以让塑像活动扑人，院内7间厢房，摆放藏传佛教面具，每逢正月，寺院喇嘛会举行羌姆，进行法事。幸福寺存有堪布喇嘛唠爷从西藏运来的12卷经文，每逢旱年，喇嘛抬经出来进行求雨仪式。[1]而张家大坪留有西夏时期的村堡遗址。1962 年西固与柳泉乡分别成立公社，桃园、柴家台、张家大坪划入西固人民公社。1968 年，柳泉乡建立革命委员会，很多寺院、家庙、供奉神龛被拆毁，民间信仰活动处于低谷状态，转为更为隐秘进行。直到 1982 年，柳泉乡人民政府成立，民间信仰开始复苏，陆续有了新的建筑，有了本土化的信仰仪式出现，也出现了一批积极进行民间信仰活动的个人。

二、空间结构上的信仰布局

葛兆光说："空间的问题常常可以转化成时间的问题来思考，空间的格局常常支配着思想的框架。"[2]而在"乡"这种"既外向又内向，既对外扩散又向外聚拢"[3]的有效灵活机制中"乡被理解为永恒的圣境兼现实的生活空间，也被当做一种超家族、超村落的自发管理行为的实践。它是民众把人文与自然资源合起来认识社会的独立词，是一个二元式的自为概念。"[4]在这个独立、二元的"乡"社"通过民间信仰

---

① 兰州市西固区地方志编委会：《西固区志》，甘肃：甘肃人民出版社，2000年版，第 926—927 页。

② 葛兆光：《中国思想史·导论》，上海：复旦大学出版社，2001 年版，第110—111 页。

③ 杨彦杰：《闽西客家宗教社会研究》，香港：国际客家学会海外华人研究社法国远东学院。1996 年版，第 116 页。

④ 董晓萍：《田野民俗志》，北京：北京师范大学出版社，2003 年版，第 189 页。

所反映的社会空间，实际上全息地反映了多重迭合的动态的社会演变的时间进程。"① 从柳泉乡的社会演变中，多次在政治力影响下乡社合并与分化，使得柳泉乡的空间结构发生了急剧的扩散和聚拢，同时又向内信仰层面发生着外在结构整合和分散下的内聚。最终在1958年的大迁移中，使得分分合合的柳泉乡有了柳沟大坪这样一个自然形成的地理大坪台，也使得混杂性的民间信仰寻找到了刻录载体，有了群性空间信仰的布局结构。

（一）第一层级神庙

位于柳泉乡南山半山之中，从东向西依次坐落的庙宇为：

1. 观音庙（现改名金花娘娘庙），名义上为观音殿实际上随着时间的推移，这个在乡社中占地面积最大的庙宇已经混杂成了多元化的信仰体，其中大殿除了观世音之外，还有唐僧师徒四人，金花娘娘，都以木制小轿装像，大殿两侧分别为土地神和山神牌位，院落西侧大殿中供奉着三位道教神仙。整个庙宇佛教、道教、民间本地神构成了整个庙宇，而庙宇对外依然称为道家神庙，实际上民间信仰的成分居多。

2. 王母娘娘庙。此庙较为特殊，是由民间开坛者（所谓王母附体）的村落神巫倡议修建的神庙，这使得本来居于隐秘状态的民间信仰，有了除村民私宅供奉堂之外的信仰景观建筑。庙宇修建之初，曾受到村落其他开坛者的破坏，损坏了神像后修复，庙宇建立之初

---

① 郑振满、陈春声：《民间信仰与社会空间·导言》，福州：福建人民出版社，2003年版，第2页。

以观音殿附属庙宇的身份获得宗教管理部门的登记注册，后独立获得注册。

3.孔子庙，此为圣人孔子的祭祀神庙，大殿为所有神庙中规模最大，其中孔子塑像位列居中，两旁为孔子的弟子贤人。大殿周身被碑林包围，形成了神化孔子的特殊场域形态。

4.长庆寺，这座寺院是一座唯一有尼姑驻守的寺庙，在扩建中以及较之先前扩大了数倍，其历史依托唐代在西柳沟修建的长庆寺。寺院较之其他庙宇更具主流宗教的形态，但是在供奉神灵上依然具有混杂性，此庙中有一块供奉的神石，据说是一日夜里，尼姑发现一块大殿石台侧面的嵌石，闪闪发光，第二日此石头上留有很多符号，被众信徒称为神的旨意，供奉十分繁盛。

5.毛泽东纪念堂，处于修建阶段的毛泽东纪念堂，在笔者我调查过程中，这个不大的纪念堂内处处散发着民间信仰的力量，香炉、蜡烛、供品，只有寺院才存在的蒲垫，在农村毛泽东已经被完全神话，一些信仰者们以熟练的跪拜对其进行纪念。据信众们介绍，忠字舞也成为一种对其崇拜的仪式，整个场域成为了农民理解中的信仰现象。

6.祖师殿，这是一座未迁移就存在在村落的庙宇，正殿供奉着玄武大帝，八大金刚位列两旁，院落东墙为十八层地狱壁画，西墙为玄武大帝修行得道壁画，据村民们讲这里的抽签十分灵验，因为其位置靠近西坪村方向，也被称作西坪村的护村神庙。

排列次序（从上向下）	供奉民神	仪式类型
观音庙（现改名金花娘娘庙）	观音、唐僧师徒、道家三尊、土地、山神	民神诞辰庙会、请神转村
王母娘娘庙（民间开坛者私人修建）	王母娘娘	庙会、开坛

续表

排列次序（从上向下）	供奉民神	仪式类型
孔子庙（庙所四周为碑林）	孔子及贤弟子	祭祀
长庆寺（唐朝建立尼姑庵）	释迦、观音、菩萨、财神、四大天王	庙会、大型法事
毛泽东纪念堂（红色信仰）	毛泽东	纪念聚会（忠字舞）
祖师殿	玄武大帝、八大金刚	庙会

第一，庙宇的内容乡土化明显，具有杂糅性和适应性的改造痕迹"宗教象征体系不像一些人类学权威说的那样持恒不变，而是在不同的历史条件下，受不同群体解释和再解释"[1]，一方面视野中的信仰神像种类繁多，往往儒释道混合存在在同一场域，构成了"概括性的或神圣的象征的意义和内容是集中的，压缩了的，相对说来不加区别的混沌"[2]；另一方面潜藏的民间信仰内涵中包含了自然天的崇拜、土主崇拜、山神崇拜、英雄崇拜等种类繁复的信仰意义。这种意义涉及"属于个体生活的基本信仰，涉及对生存的意义。"[3] 同时它又是一个"综合性的意义系统"、因为"历史上大多数的宗教意义系统都是综合性、无所不包的，有人甚至称之为意义知识系统"[4] 这个意义知识系统中包含了乡土特有的世界观、宇宙观、神秘性的理解。

① 王铭铭、潘忠党：《象征与社会——中国民间文化的探讨》，天津：天津人民出版社，1997 年版，第 89—123 页。

② 史宗：《20 世纪西方宗教人类学文选》，上海：上海三联书店，1995 年版，第 209 页。

③ Joseph Runzo and Nancy M.Martin ed., The meaning of Life in the world religions，pp.55，188，270–271.

④ 孙尚扬：《宗教社会学》，北京：北京大学出版社，2000 年版，第 54 页。

第二，位于第一层级的庙宇折射着村民意识中的对其的重视性，而庙宇建筑物形成了一种基奥范尼·克劳斯、凯思尼格所谓的"建筑语言"①这种建筑语言刺激了村民长久的信仰意识，也构成了第一层级平面上庙宇之间的神性交融，使得庙宇有了建筑上的深层意义以及村民功能性的选择意图，也成了乡社信仰圈中的象征实体，"从而有效地推动了城乡社区自我组织的形成和自我管理的完善。寺院不仅是社区发展历史的见证，而且是凝聚区域族群向心力的家园"②。

第三，庙宇中的造像行为在乡土信仰中已经仪式化，他在通过仪式的神圣性极力地掩盖人造性，例如造像的工匠师傅一般选择身体残疾者，以便来说明是因为造神像而失去了自己的部分身体。实际上是村民对内心所塑造的神圣的一种持续建构与维持，其摆放位置也体现了村民对神像的功利性选择，以及一种适应乡社的秩序表达，例如村民将村规视为神创的秩序遵守、遵循圣人的教化、崇拜神人制定的不可更改的传统或者畏惧惩罚的规则。

第四，庙宇是一个民间神话的塑造机构，根据荣格的观点"神与神话故事与人类的精神活动息息相关，是人类集体无意识中的原始意象——原型。这种原型一旦变成了象征，就从人类内心无意识的体现成为了有意识的表达。"③民间金花娘娘的神话故事在柳泉乡地界上留

---

① ［美］勃罗德彭特等著：《符号·象征与建筑》，北京：中国建筑工业出版社，1991 年版，第 5—57 页。

② 施振民：《祭祀圈与社会组织——彰化平原聚落发展模式的探讨》《中央研究院民族学研究所集刊》，1975（2），第 36 期；林美容：《由祭祀圈来看草屯镇的地方组织》《中央研究院民族研究所集刊》1987（12）第 62 期。

③ ［日］方坦纳：《象征世界的语言》，何盼盼译，北京：中国青年出版社，2000 年版，第 30 页。

存的一块巨石，传说留有金花娘娘的手印、脚印，成为神性的最好证明，除此之外，王母娘娘、孙悟空、菩萨、玄武大帝的神话传说也在乡社间流传。所以庙宇的附生物神话加固了庙宇的神性，证明乡土宗教仪式和禁忌规范，也构成了乡土神话思维和乡土神话哲学。

（二）第二层级宗庙

排列次序（从上向下）	供奉类型	仪式类型
杨氏祠堂	天神、土地神、杨氏列祖列宗及家谱	祭祖仪式
陈氏祠堂	天神、土地神、陈氏列祖列宗及家谱、石碑	祭祖仪式
刘氏祠堂	天神、土地神、刘氏列祖列宗及家谱	祭祖仪式

位于柳泉乡山脚下，一般与村落相邻或相接，从东往西依次是杨氏祠堂、陈氏祠堂、刘氏祠堂。正殿一般供奉家族先祖及家谱，院落中央有祭神台，大门一侧有土地祭祀神龛。每当祭祀时日，各家出钱出力，由自生性族长，举行祭祖仪式、敬神仪式，祭拜时以家族辈分的高低依次上香、叩首。

首先，建造祠堂的家族为乡社中的大家族，是一种祖先崇拜的中国宗族传统的异变延续，因为明清之后，保甲制度、里甲制度侵入到汉人家族制度，并与之混合，由此形成了家族的联合体——乡约势力，利用血缘、地缘、利益等纽带，广泛地参与地方事务[①]。

其次，"这种由血缘＝族扩大到地缘＝乡的结合，在中国后期封建社会中占有极重要的地位，日本学者称之为共同体，我则名之为乡

---

① 王日根：《明清民间社会的秩序》，长沙：岳麓书社，2003 年版，第 56 页。

族势力，他们或以祠堂，或以神庙，或以某种社团为中心连接成为一种特殊的社会势力"① 以祠堂为连接的柳泉乡大姓家族，通常在乡社中因其经济势力、文化势力或者政治势力，拥有绝对的"乡绅话语权"，拥有"作为仪式，作为加冕礼，作为葬礼，作为庆典，作为传奇叙事的历史是权利的操纵者和巩固者。"② 而这种权力也包括对民间信仰的权力，他们往往积极参与民间信仰的组织活动，例如九十年代，频繁的送瘟神仪式、以及近些年出现的全村驱邪仪式、轿神巡街仪式，都是大姓家族乡绅们的倡议和组织。

最后，大姓族长们在组织祭祀仪式的过程中实际上夹杂着民间信仰的祭祀理念，他们本身也是在一种民间信仰氛围浓厚的状态下生存，这种理念具有延续性，而且在他们组织的很多仪式中都外化体现了出来。

（三）第三层级家宅

东坪村	2025 人	705 户	每户住宅具备门神、
中坪村	1834 人	523 户	灶神、家神供台
西坪村	1956 人	675 户	

位于坪台之上的村落由错落排列的村民家宅组成。

首先，作为民间信仰接受端口的家宅建筑，从建筑过程择地、动

---

① 傅衣凌：《明清社会经济变迁论》，北京：人民出版社，1989 年版，第 55—57 页。

② ［法］米歇尔·福柯：《必须保卫社会》，钱翰译，上海：上海人民出版社，1999 年版，第 61 页。

土、起基、安门、起梁、还土等，都展示出民间信仰仪式化的现象。例如，安门时大门两侧地基需要进行仪式之后，将五谷、菱角掩埋以示保平安，而建造者本身大多都是竖立仪轨和民间信仰禁忌的高手，他们将乡土信仰通过家宅建筑过程进行了有效的传播，促进了习性的生成。

其次，如陈其南所述："中国亲属制度中固有的关于房的系谱性概念，直接解明了一个家族的内部关系和运作法则。"[①] 作为大家族的分化房的实体存在——家宅，在其内部结构上就是一个小型的民间信仰祭祀体，一般村民家中大门一侧会有土地神龛、院落中央会有神案或简化成一个香炉、厨房灶台上会有灶王爷神位，并且在特定的时日会用简化的仪式，对几位家宅之神进行供养祭祀，构成了一个小型的信仰空间，一些传说有神力的巫师家中还有独立的神堂进行各种神秘的仪式。

最后，作为家宅的主人——家族成员，其生命整个的过程都沾染着民间信仰的色彩，比如出生时婴儿如果整夜哭泣进行的禳解仪式、孕妇怀抱婴孩进门的跨火堆仪式、家中有不祥之事发生，请巫师禳解仪式，之后还要在大门上悬挂一竹制簸箕，告知乡里最近谢绝访客、所谓的开坛、治病救人的仪式、人死之后的丧葬停灵仪式、招亡仪式、扎纸敲渡桥仪式、转灯转饭仪式等，整个的生命过程就是一部民间信仰史。

---

① 陈其南：《家族与社会》，台北：联经出版事业公司，1990年版，第132—134页。

（四）第四层级坟墓

作为阳宅的对应物——阴宅，具有特殊的空间布局，整个坟墓区将第一层级的神庙、第二层级的祠堂、第三层级的家宅包围其间，呈现一种月牙形的半包围结构。每个坟包后方有用砖头做成的土地神龛，前面有祭祖台，近些年很多坟墓立碑情况普遍增多。

坟墓作为一种象征性存在包含着祭祖崇拜、风水理念、鬼魂学说等诸多乡土思想。其显性层面的表征虽然简单但是其蕴含的内容却是一个庞杂的信息体。在静态坟墓上举行的很多动态的仪式融合着民间信仰习俗化的特点，比如迁坟时的复杂仪式、入葬时的仪式。作为空间结构中的最后一层级，人生最后一端口，坟墓的存在使得相对的村民产生着两种截然不同的心态，一种祭祖保佑后代的祈求之意，一种对坟墓的畏惧心理，因为这里本身就是产生鬼魂学说的生产源头。而鬼魂的畏惧催生了民间信仰中很多仪式，比如，村民中很多家宅不安稳，请村中巫师进行的驱鬼仪式。

从柳泉乡民间信仰结构，第一层级神庙；第二层级祠堂；第三层级家宅；第四层级坟墓构建的地理空间上看：第一，在乡土习性影响下构建的四种现象实体，实际上构成了一种敞视象征场，用一种布尔迪厄所说的"交响乐式的表演"模式，将民间信仰进行着习性式的运作①。每一个结构部分都具有自我归并和自我同化的倾向，每一个结构都是同一层级多因素混合的异延，而且在整个象征场域中拥有多种力存在，这些力与力之间关联、可逆，比如土主信仰在每个层级都有实

---

① 冯俊：《后现代主义哲学讲演录》，北京：商务印书馆，2003年版，第183—249页。

体体现。而且因为这些力的关系，存在一种象征性的交换，例如村民们虔诚的供奉，象征一种此生幸福夙愿与神灵、祖先的利益想象交换。一些祭祀仪式中"模拟性质进行颠倒再颠倒，从而达到掩盖象征性交换中模拟活动的特点在模拟的双重颠倒中，把模拟变成非模拟，也就是变成为拟像"[1]。这种拟像最大的作用就是这些民间信仰空间结构的存在，使得村民在心理层面产生巨大的稳定型，从而在此在生存中复制着祖辈相传的传统生活模式。

　　第二，四种层级结构成为了四种信仰信息流的生成源，它们之间多向度的结成网状结构，或显性或隐性的将信仰流进行传播，使得每个信仰流的接受者村民，在强大的信仰流构建的信仰场中生活。第三，民间信仰的级层结构，是将神灵的多元混杂性、祖先崇拜、鬼魂学说等等观念，通过建筑手段实体的展现出来，这也是在大地身体之上刻录的一部乡土历史。

三、民间信仰空间场域中的群性仪式 / 个体巫术

　　由神庙、祠堂、家宅、坟墓构建的乡土信仰空间中，群体性的信仰仪式和个体坛主的巫术，在整个柳泉乡的历史中地位独特。仪式与巫术依然生动的绘制在柳泉乡的时间维度之中。

---

　　[1]　Baudnllard J Simulacres et simulations Paris：Galilee 1981。

（一）群体仪式

从宗教人类学家讨论的仪式信息理论来看，仪式所传递的信息往往是当地乡土社会的多层面内容，并且带有"经济性和浓缩性"的特征，可以通过不同渠道表达和重复同一个信息。[①] 这一信息便是整个村民对神灵神性的依附。在柳泉乡村民对神灵的依靠伴随着整个神像的造像过程，以此为中心演化出了形式多样的仪式。

第一步塑像：塑像的选择往往带有功利性和本土化的特点，村民们选择的所谓"爷"一般是为群体利益考虑，并续接传统，融合乡土文化进行造塑。在造塑的工匠选择上，富有神话意义的传说便开始四处弥散，工匠们的身体残疾会被传说成为了塑造"爷"而搭上了自己的部分肢体，即使是身体完整的工匠也会传出其死去的儿女为"爷"的存在，奉献了肉身，这使得神像塑造之初，就已经与神秘相连。

第二步装脏："爷"的模样通常是人形的映照，村民们相信任何得道成仙成佛的"爷"都是从人开始，所以拥有人一样的器官不足为奇。明朝成化年间修建的位于梁家湾村的石佛寺中的石佛像，石佛身后有一个碗口大小之洞通向内脏，为装脏处。[②] 装脏物通常为蛇、经文、金银珠宝、名贵药材等，其中蛇象征"爷"的肠子，具有鲜明的象征意味。而金银珠宝的来源出自村民的捐赠，踊跃的村民以这种方式表明"爷"的身体上留有自己的印记。

---

① 史宗：《20世纪西方宗教人类学文选·下卷》，上海：上海三联书店，1995年版，第503—510页。

② 兰州市西固区地方志编委会：《西固区志》，甘肃：甘肃人民出版社，2000年版，第927页。

第三步开光：与大多数主流宗教的开光一样，"爷"造塑好之后，必会举行盛大的开光仪式，集体念经、祭祀贡品、焚香祈祷，一系列复杂过程之后，便会将"爷"请入事先打造好的木制轿子中，并用彩绸扎顶、饰品装饰木轿。

第四步炝火：造塑完成的"爷"并非就此进到了自己的神殿，而是要进行一场村民集体的检验，这种检验被称作"炝火"一般盛大的炝火仪式人山人海，空旷的平地上用稻草架起草堆，由仪式的主事与村民的代表密谋将一些所谓神物（经文、祭祀物品等）埋藏在草堆前方某处。然后一无所知的抬轿人（一般为四人，也有八人、十二人）抬着装有"爷"的木轿来到空地，一番诵念之后，只见神轿开始启动，时而快速时而停顿，如同一位寻找失物的角色，正如戈夫曼的剧场理论所解释的，此时空间成了一个巨大的剧场，所有的村民是具有审视性的观众，审视作为主体性存在的神灵，这种审视将世俗化的形态显露无遗。据很多抬轿人讲述，他们相信不是自己的力气在操纵"爷"的行动，而是自身成为了"爷"的一部分，从而产生动力，村民们坚信抬轿是一项神圣的工作，报名踊跃。"爷"的木轿绕场行走，时间有长有短。此时，被点燃的草堆火势迅猛，所神奇的是神轿操控着抬轿人，居然轻松的跨过火堆，停留在埋藏神物的地方，等到主事挖出神物，高举头顶以示神的灵验，鞭炮声四起，所有人相信"爷"的神魂居住到了泥身上，具有了神性。从此供奉"爷"理所应当，再也没有人怀疑"爷"的神力。

首先，在柳泉乡村中的群性仪式主要分为两类：一类依附于神灵神性存在，一种依附于鬼魂存在。通常是以村民集体参与，每个参与者都成为仪式的构成因素。其行为是"一套固定的传统行为，每一个社会成员都把它作为理所应当的事情来遵从……社会规则的基础是先例，社会要继续下去，这就是先前的一套管理应予以继续遵守"①而且仪式本身就是村民意识、情感秩序化的外在表现形式，适合于调节村民的内心。设定在乡土空间信仰之中的戏剧性群体演绎，是启动了村民习性历史记忆中的神灵崇拜和鬼魂崇拜的主体性力量，加强了地域中村民身份的认同，消解了潜在的利益以及心理焦虑，使得整个自我空间秩序得以稳定继续。

其次，村民的集体仪式"具有三个明显的阶段：分离、边缘（阈限）与聚合"②所谓分离是指在仪式前包含的象征行为，意味着群体在一种文化情景中的状态与村民在村落中的社会稳定位置有所分离。而在阈限阶段仪式的实际控制着——主事，开始变得模棱两可，实际上成为了代言者的角色，在神鬼与村民的向量关系中，完成了参与者的聚合，使得群体复归空间中的合理结构之中，成为传统。

最后，整个的群体仪式是一种对地方性知识的深描，作为一种脱身于村民精神层面的集体行为以及刻录着本土符号的仪式，整个仪式化的过程本身就是一种描述"描述必须依照特定一类人对自己经验的阐释，因为那是他们所承认的描述；这些描述之所以是人类学的描述，就是因为人类学者事实上承认他们"③通过深描仪式成为永久，重复成了自然，村民们的心理得到了安适与记忆。

---

① William Robertson Smith Lectures on Religion of the Semites 3rd ed. by S. A. Cook.

② Michael Lambek ed. A Reader in Anthropology of Religion，Blackwell Publishers Inc 2001：359

③ 格尔茨：《文化的解释》，纳日碧力戈等译，王铭铭校，上海：上海人民出版社，1999 年版，第 17 页。

（二）个体巫术

正如弗雷泽所说：“交感巫术整个体系的基础是一种隐含的、但却真实而坚定的信仰，它确信自然现象严整有序和前后一致。”[①] 在笔者考察的柳泉乡，整个村落中声称自己具有神力并经常为人禳解的巫师多达十位，处于半退休状态的也有四五位，这些神巫中大多数是女性，年龄四十岁到七十岁之间。女性成为神巫与供养的神灵为女性形象有关外，主要是常年生活在父权为主的村落对女性构成了压抑，使得村落女性普遍活在弗里丹所说的“女性奥秘论”之中，也就是在智力上、经济上、情感上依靠丈夫而令自己价值较低的普遍症状。而神巫职业使得这部分女性借助神力成为隐藏的焦点，逐渐与男人世界拥有同等地位甚至超越。据老人们讲，这种普遍被称作“神婆子”的神巫在新中国成立前的柳泉一带十分昌盛，几乎村村都有，新中国成立后一度受到过打压，“文化大革命”时期几乎灭绝，但是八十年代初期，神巫职业开始复苏，并且在笔者调查的过程中发现，这些原本隐藏的人物、其行为开始逐渐公开化，柳泉乡神巫中已经有两位通过接近十年的神巫职业，修建起可以与村落神庙相提并论，属于自己私人所有的神庙，并且仿照村落神庙举行起盛大的仪式，可以看出当地神汉、神巫的影响力。所谓“神婆子”的神力来源，通常是其先辈中曾有从事此项事业的，一般会被称作从娘家带来的；或者主角在经历的大病或大灾难之后，以传言其经历了神的考验而获得神力。而个体巫术的形式主要分为开坛和有求必应的巫术两种。

---

① 弗雷泽：《金枝》，徐育新等译，汪培基校，北京：中国民间文艺出版社，1987 年版，第 70—74 页。

1.开坛：开坛是一种普遍流传在西北地区的巫术形式，据笔者调查的老人讲兰州地区的开坛在西北地区尤为出名。坛实际上在道教、佛教的历史上都曾存在，是为一种祭祀、祈神的仪式，但是在兰州地区民间开坛显得尤为突出，附神体功能十分庞杂，信众很多超出了村镇范围，许多城市市民慕名而来，而且很大一部分是年青信仰者。开坛一般只有在村中出现较大的安全危机，或者信仰参与者达到一定人数时才会举行。开坛组织结构较为松散，但是即使松散的结构也分为：位于核心的坛主也就是神巫，外一层的副坛主主要负责开坛仪式的通联、神力的宣传，以及最外层的普通善男信女。开坛为了增加其神秘性往往选择一个月中位数为三、六、九的日子举行。作为神俗中介的坛主，通常顶着某一位神的名号，称作其的主神，实际上在开坛过程中可以请来很多神灵。整个开坛步骤：

第一步神坛布置，一般在坛主的家中神堂，坛主背对神位盘膝而坐，面前神案上是用黄纸做的表、香炉、写有神灵姓名的黄纸神牌，副坛主位列坛主左右，信众跪拜在坛主面前。

第二步请神，在一系列上香、跪拜之后，所有开坛者都会集体诵念经文，经文属于佛道变文一类，整个开坛空间神秘、严肃，充斥着信众的诵念声。

第三步上身附体，盘坐的坛主在诵念中瞬间战栗抖动，预示着神的降临。据笔者采访的一位坛主介绍，在他神灵附体的时候，他明显觉察到一种麻木的电流从脚步一直持续向上，在胸口以下停止，据他陈述请神只可让神秘力量停留在心脏以下，否则会有生命危险。附体之后的坛主，往往声音大变，变得不可一世具有威严，实际上具有了谵妄的心理，一方面存在谵妄的神秘体验心象，另一方面对这种心象

的真实性抱有绝对的信心，最终让基础层面的自然本性与混合神性的谵妄体验和魂，形成了现实层面的状态景象。

第四步应求，由副坛主起话让信众开始询问，坛主回答。此时坛主由人变作神，其语言成为神的回答，具有刺激性和力量性，并且作为神启有求必应，人神之间建立起共感效应形成了发生主体与外在需求的共在性存在。第五步送神，此时坛主从狂想式的亢奋状态跌入了消沉式的寂静状态，早已大汗淋漓，身体虚脱，在坛主或者副坛主烧一张黄表纸、吩咐神灵回归后，坛主猛然起身，代表神灵已去，完成了整个开坛仪式。

2. 巫术：神巫除了重大事务上的开坛之外，还有一类就是应对普通个体信众来访的巫术存在，主要是一些祈求回应、禳解驱邪的信众。笔者曾以一名考生的身份密访村中一位神巫。这位余姓神婆年龄六十岁左右，耳朵听力较差带有助听器，年轻时为工厂工人，1995年左右开始宣称自己为斗战胜佛，民间叫大圣爷——孙悟空的附体神巫，十几年时间信众庞大并且在柳泉乡之外的南坡坪上修建了一座大圣庙成为坛主、神婆、庙主三合一的神性代言人。

笔者进入余姓神婆家中时，房屋与普通村民家中无异，只有东面一屋挂有锁子。余姓神婆在吸完一支烟之后，带我进入打开锁的神堂。神堂实际上也是神婆的卧室，神龛就设置在睡床的右侧，墙上挂着一幅巨大的菩萨像用黄布遮盖，神像下的桌子上是神像与各种供品。桌子前有一把椅子和一个蒲垫，屋顶悬挂着很多圆顶神幡，宗教氛围浓厚。进屋之后的神婆先是拿出一张黄纸点燃，只见燃烧的黄纸腾空随即灰烬安稳地落到神婆掌心，神婆将其丢入桌子旁的纸篓中。从桌子左边的柜子里取出笔墨纸砚，墨为红色。我跪在神像前跪拜三次，只见神巫上身开始，浑身颤抖，口中念念有词，多为短语、富有韵律，语言为当地土话。神婆不断做出孙悟空抓耳挠扫，闪动眼睛的动作，瞬间白色眼仁变作红色，声音也开始由先前的和蔼可亲成为一种低沉粗壮的音调，开始询问我的生辰八字以及属相，此时神婆坐在椅子上，左手展开向上，右手成猴爪子形状与画符备用的黄纸接触。在又是一阵晃动、孙悟空形态之后，神婆手握毛笔在空白黄纸上开始画符，画符从中间开始，逐次向四周蔓延，口中念念有词，画符动作熟练。画毕之后，神婆继续晃动身体，命我伸出右手，抖动着在我手上画下另一个无形符，无法识别。画完后，神婆忽然起立，又拿出一张黄纸点燃，重复起初的动作，将燃尽落在手上的灰烬丢在纸篓中，表示送神而去。笔者起身将十元钱放在神像前，走出神堂，余姓神婆与我攀谈，吩咐按照神的旨意去行事必会成功。

首先，神巫的神力被极具神化，成为超个人的复合性产物，加深了神婆的影响力，使得信众很容易产生超验情感共识，其范围也从农村拓展向城市，因神巫神性的无所不能，呈现信众不断递增的态势，其中有老人、中年人，近几年年轻人逐年攀升，这与社会焦虑感加大有关，许多年轻人在熟人的带领下，寻找神巫寻求解决问题的方法。所处的社会阶层也具有差异性，工人、商人、官员、学生等，并且形成了相对稳定定期来访的信仰群体，定期举行家庭式的信仰仪式，对信众的控制开始由弱群体网格趋向强群体网格。

其次，作为以复合身份的神巫为首的组织结构，随着人员的庞杂日趋完善，逐渐呈现出正统主流宗教的雏形状态，庙宇的修建使得这种隐秘状态的民间信仰现象从次级态向显性状态发展，巫术也出现程序化、技术化的特点。

最后，很多巫术仪式具有鲜明的戏剧色彩，无论开坛的坛场或者神堂，都被构建成一个小型的剧场，神巫作为主角以一种神秘的状态进行演绎，使得信众与神之间形成多对神、单对神的关系，并且附生性地出现了抽签、算卦、禳解等技术手段。相对于其他民间信仰形式，神巫信仰更具有功利性和即时性，神巫可以短时间内解决群体或者个体所面临的问题，具有微观的处理技术，这也使得村民的集体意识中普遍在遇到困难时，萌生寻求神巫帮助的意愿。整个的调查走访过程中，笔者明显感觉到信众精神层面对神巫权威的依赖性，使得他们自愿充当了次级传播者，加速了民间信仰人数的动态递增。

结　论

村落空间场域下的民间信仰形态，与其历史环境的信仰媒介塑造息息相关，自然或者外力构建了村落空间结构上的信仰布局，也加深了地方性知识以及村民日常习性中的信仰成分，其外化表现为群性仪式与个体巫术的存在，这一存在成为典型的信仰媒介环境中的传播根源，向自身以及他者空间进行着有效信仰信息传播，从而构建民间信仰媒介生态环境。

第三编

丝绸之路·媒介

媒介传播视域下的印度

——于阗影响因素分析

佛教由印度而始传入中国，在中国这个繁杂的文化圈体上产生了多向度辐射性的影响。凿开了隋唐佛教的全盛时代，也渗入到随后的宋明理学、清朝乾嘉朴学之中。直至现今，中国文化圈体核心层依然不断吸收佛教思想，并且融合、衍化出了浩渺的佛学部帖，中国化的禅宗，种类繁多的寺院佛像，壁画石窟，充分地说明了佛教对中国文化肌体上的外在事物以及内在心理上的双重影响。然而在诸多佛教传播路径之中，作为佛教二级中转站的西域佛国，有着"小西天"美誉的佛国于阗，在整个中印文化传入过程中起到了举足轻重的作用。这本身得益于古代于阗作为一个独立的文化"元"①，内在自变量中的文化基因，也得益于外在诸多因变量的合力共在性

---

① ［法］雅克·德里达著《散播》（*Dissemination*，1972 年）中逻各斯中心主义"元"思想，代表本原性存在的媒介结构。

把控，无论表征上的显性静态文化展现，还是向内的隐性动态场域力，都以立体式多向度的构建，印度佛教文化对于阗国的渲染影响深入骨质又凸显于外表，多罗那他《印度佛教史》中记载："阿育王也获得了药叉乘的明咒，生出了像大象一样大的马、如多罗树干的武士，组成四支药叉大军。宾陀山以南的各个地区也未遭受损失而置于管辖之下，北面到雪山和于阗国背后的雪山，东、南、西三方直抵大陆的赡部洲大陆和五十个左右的岛屿也都收归治下。"[①]神话的叙述中往往隐含着历史的真实性存在，阿育王富有神话色彩的记述，实际上"建构了一个富有想象的理论空间，探索媒介如何影响他者所处的世界并成为其中的一部分，如何渗透到世界的各个角落，影响他者个人和集体的生活方式。"[②]印度以阿育王获取明咒传播技术为契机，完成了历史地理空间上的横向／纵向控制，现实界域中"传播媒介的变化促进文化里根本的、大规模的变化"[③]在宗教媒介环境空间中形成了一种"媒介历史演化"的过程与印度—于阗整体传播交流史发生了不谋而合的视界重合，这种视界融合带来的所谓"宗教媒介环境"就是以文化传播系统的存在为核心，诸多子系统横纵交互，进行地理空间上的全面辐射传播"彼等之时代，于于阗国，有阿罗汉僧增（僧伽婆卢陀那）出。复此，毗婆沙之阿阇黎：于睹

---

① 多罗那他：《印度佛教史》，张建木译，成都：四川民族出版社，1988年版，第43页。

② ［美］林文刚：《媒介环境学》[M]，何道宽译，北京：北京大学出版社，2007年版，第193页。

③ ［美］林文刚：《媒介环境学》[M]，何道宽译，北京：北京大学出版社，2007年版，第32页。

货罗，有阿阇黎婆摩那出；于罽宾有拘那罗出；于阿波兰多迦国，中央有作善（苦世满迦罗），东方有阿阇黎僧增（僧伽婆卢陀那）诸人出。经部之阿阇黎：于西方有大德童受出。每人皆有难以数之眷属。诃梨栴陀罗王与眷属俱，化虹身后，无子嗣位，时为由彼侄阿苦叉栴陀罗与其子阇耶栴陀罗（胜月）守护王国之时代。二王虽皆崇敬正法，而于佛教所作大事，无记载焉。"[1]印度文化传播以游牧式的空间播散性传播为主，这种原生逃逸流射性的传播媒介方式，给予地理空间和时间维度结构强烈的文化冲击和形式影响，佛教的传播影响于阗，还在于"关心媒介形式的相互关系、媒介形式与社会力量的关系以及这些关系在社会、经济、政治方面的表现"[2]于阗与印度在历史上有过多向度的持续性接触，一个问题是：为何在西域诸多国家中，印度佛教会在于阗国发生如此深刻的渗入式传播，传入后于阗在自身的黏性文化结构[3]中为何产生如此聚敛性的文化体，并且极具动力式的与周边发生了多向度[4]沟通与传播。

① ［印］多罗那他：《印度佛教史》，王沂暖节译，张澧溪校阅，兰州：西北民族研究所，1981年版，第32页。

② ［美］林文刚：《媒介环境学》［M］，何道宽译，北京：北京大学出版社，2007年版，第1页。

③ 黏性文化结构：梅洛·庞蒂哲学概念，此处代表文化接受方在文化媒介信息上的全面吸收及结构建设。

④ 多向度：代表传播文化的诸多媒介方式以差异性的端口相互进行交互式传播。

一、印度—于阗共在性传播影响

（一）历史地理空间影响因素

于阗作为西域南道国家梵名 Ku-stana。西域古王国。《大唐西域记》记载："昔者此国……东土帝子蒙谴流徙居此东界。群下劝进又自称王"《汉书·西域传》称为于寘，又作于填、于殿、于遁、溪丹。位于新疆西部，即今和阗（Khotan）之地。西元三世纪前后称为瞿萨旦那（意译地乳），印度人则称屈丹，自古即为印度、波斯、中国间之贸易途径，亦为东西文化之要冲。《大方等大集经》卷四十五有迦罗沙摩之称。地滨和阗河，南有昆仑山，北接塔克剌麻罕沙漠，是西域南道中最大的绿洲。位当天山南路、西域南道之要道，西经莎车（叶尔羌）、揭盘陀（塔什库尔安），可通往北印度或睹货罗（古代大夏）。《史记·大宛列传》、《汉书·西域传》、《后汉书·西域传》、《梁书·西域诸戎》、《魏书·西域传》、《隋书·西域传》诸多史记文献中都有关于于阗与周边发生关联的记载。地域上的接近使得印度佛教文化可在短时间内借助路程上的便利，较为容易的到达于阗国，使得于阗国处于一种近水楼台先得月的地理优势，借助这种优势使得于阗在宗教文化力的凝聚、异延[①]以及自我文化构建上极具实力。从文化生态的角度阐述，于阗地理位置位于一个文化有机整体的节点之上并且

---

① 异延：法国哲学家雅克·德里达著《写作与差异》（Writing and Difference）1976 中异延思想"异延"代表一切差异的根本特征，也包含全部差异。它存在于一切在场、实在与存在之中，在颠覆现有的结构中呈现自己的存在，与播散一起成为一种哲学意味上的变体存在。

与其他文化节点相独立，有原则上的分割，这种特质在未进行沟通前彼此会在以自我为中心的文化平面上，发展出抽象性、具象性、实体性的多形态文化特质，一旦自我结构与他异性结构打破隔绝势态，文化的传播就会生成层次性互动和结构性互动，而于阗恰恰就是在借助这种直接相嵌式传播，完成了自身文化有机体的提升，从而也为文化的进一步拓扑和繁殖，形成了自我有效性的文化"块茎"①。

（二）神话原型因素

《大唐西域记》中记述"王甚骁武，敬重佛法，自云毗沙门天之祚胤也。昔者，此国虚旷无人，毗沙门天于此栖止。无忧王太子在咀叉始罗国被抉目已，无忧王怒论辅佐，迁其豪族，出雪山北，居荒谷间。"②居于荒地的无忧王太子辅臣们与来自东土来的王室成员，共同建立于阗古国。这一神话与唐朝时候的另一个和尚慧立在其《大慈恩寺三藏法师传》中将传说中被驱逐的人说成无忧王太子，其他情节与《大唐西域记》雷同。而《于阗教法史》中记载"当初，当地的国王名叫地乳，乃古印度天竺国阿育王之子。阿育王为寻地游方，率众多天竺军丁及扈从前行，抵达于阗有海子之处……让被阿育王放逐之臣和被遗弃之王子相识彼此和好。地乳和阿玛扎耶舍大臣相会，二人共

---

① 块茎：法国德勒兹思想。块茎意味着一种复杂的文化隐喻和游牧论的思维模式，块茎导向一种无限开放的光滑空间，自我形成一种异质性的能量源。
② ［唐］玄奘：《大唐西域记》，周国林注译，长沙：岳麓书社，1999年版，第682页。

同治理其地，于阗城遂由此而建立。"①的神话传说与《牛角山援记》、《于阗国授记》多次出现阿育王，并且其情节故事主体不变，细节有略微变化，具有浓重的佛教色彩。而佛典《大法方部》有一经，名《日藏经》，对于于阗的初创，则保留了另一种更为佛教化的扑朔迷离。《洛阳伽蓝记》卷五以及《魏书》中《于阗传》都有过对于阗神话的记录，来自于作者对于阗的实际采风。

　　从上述材料可以分析得知，虽然神话本身的真实性有待商榷，但是正如罗兰·巴特所述，神话的功能是在消解现实，通过摆脱事物的历史品质得以建构，这种建构背后是存在一定稳定性的，因为神话本身是现实境的副本和衍伸摹本，②而且按阿兰·巴丢理论陈述："虚拟是存在者之存在，甚至可以说它依靠存之存在者，因为存在者不过是一的不同形态，而一正是其不同模式的活的产物。"③所以关于于阗建国的神话其神幻色彩的背后恰恰是虚拟性本身真实的实现过程，这个过程中我们看到了印度在于阗原初状态上的参与和影响，而且这种参与和影响中本身就附着着佛教的诸多因子，成为印度佛教影响于阗的因素单子之一。神话传说中出现的天神或多或少杂糅着佛教化的人物。这种原造构型上的相似形，使得印度与于阗之间构建出了一个潜在交流的稳定型场域，成为诸多多元符码的文化单子尤其是佛教文化单子流通的必备条件之一。而且作为起源神话，正如卡西尔在《神话

---

① 李吟屏：《佛国于阗》，乌鲁木齐：新疆人民出版社，1991年版，第12—14页。

② 来自［法］罗兰·巴特《神话学》中符号学思想。

③ 陈永国：《激进哲学　阿兰·巴丢读本》，北京：北京大学出版社，2010年版，第187页。

思维》中所述："早期的神话—宗教意识还没在感觉存在的领域和纯粹意义的领域之间划定明确的界限。"[①] 而抽绎出拟化神言，可以看到神话潜意识中出现的于阗起源时间原型以及与印度联系，也可以明确神话思维的混杂性特征中构成的要件因素也是印度，可以从混杂性中逻辑推导出互渗原型之间存在合理性同构的可能性，所以说神话本身是具备解释性和意指性的，也就是从神话形态学和结构学意义上讲，于阗起源神话是在真实要素的运算值上构建的模式，分化其结构可以解读出诸多内涵因子。[②]

（三）人种影响因素

从印度与于阗人种方面看。学界在研究于阗人种上的构成时，通常形成了塞人说、羌人说、月氏说。就其塞人一说看，中国《新唐书·西域传》、《史记·大宛传》、《汉书》、《魏书·西域传》皆有描述。《大唐西域记》和藏文《于阗国授记》、《于阗教法史》都有关于塞人的记载，相互印证了民族迁移的历史。《穆天子传》中公元前 10 世纪，昆仑山北麓"西膜"Similian 部落疑为古塞人的一支。外国学者也认为，于阗居民为公元前 2 世纪向北印度迁移时的遗民。斯坦因在对于阗考察时所带资料后来被英国人类学学者，从人类学角度分析得到：于阗人种属于西雅利安人种，而印度的民族中雅利安民族是其构成的重要一脉。另外在印度两部重量级的史诗《罗摩衍那》和《摩

---

① ［德］恩斯特·卡西尔：《神话思维》，北京：中国社会科学出版社，1992 年版，第 250 页。

② ［美］乔治·瑞泽尔：《后现代社会理论》中的社会构建思想。

诃婆罗多》中多次提到 SaKa，即塞人。再者由月氏说看，《汉书·西域传》、《史记·大宛列传》、《北史》等都对月氏迁徙一事有所记述，而且都认为是遭匈奴驱赶，分化为二，一部继续征伐大夏，一部遗留在了于阗一带，王国维也对大月氏的迁徙路线有过精细的研究。征伐印度的月氏人建立了强大的贵霜帝国，其国历代信仰佛教，第三代迦腻色迦还召开第四次大结集。敦煌壁画中李圣天即尉迟娑缚婆的画像与宋代李功麟所绘《五马图》中牵马人形象与月氏人外貌极其吻合。"当案达罗王朝继续扩展之际，印度西北部却发生了外族入侵的事。原来中国甘肃的敦煌、祈连之间有个月氏族，公元前二世纪，被匈奴打败，连首领都被杀了。处于游牧时代的月氏，被迫西移至新疆，把原居新疆的塞族赶跑了。塞族被迫先向西行不通，转而向南进入印度的西北境。而月氏则占领了克什米尔一带的大夏，将大夏划分为五区，每区封一翕侯（叶获，相当于将军）。"①

由此看出，无论历史文献中对于于阗人种是否明确，历史已经说明于阗人种与印度部分人种存在共在性，而且在某种程度上是一种潜在的跨文化传播优势，因为两者在对接寻找时更容易找到传播端口，这种孔隙的选择以及素有的异文化共在性，很容易让两者迅速缝合多元文化之间的知识沟，以此产生印度佛教文化源向于阗传输的倾向性，甚至于阗本有文化与外来佛教显现出涵叠秩序，直接影响于阗文化圈体核心层。另一方面共时性的存在本身就隐含着群性内隐性"元认知"和"元认同"心理的底层构建，这种构建是文

---

① 吕澂：《印度佛学源流略讲》，中国科学院哲学社会科学部佛学班讲稿，1979 年版，第 33 页。

化区域传播相互交叉、地域中心文化突出、合力文化扩散的一系列
主体性生发的基础。

（四）语言符号因素

贝利教授的《于阗语文书籍》中就于阗塞语与印度塞语甚至贵霜
帝国语言极其接近进行了阐述。法国的伯希和认为这种语言与伊朗语
最为接近，所以称为东伊朗语，而挪威语言学家斯坦·柯诺夫通过文
书对比证明了于阗语的存在，直到德国梵文家吕德斯分析字母，最终
得出于阗语确实属于塞语一种。正如德国于阗文专家恩莫瑞克从语源
学分析得出的结果，我们可以看到，存在于印度的塞语和于阗语，属
于一个"根本原"的两种分化。

于阗在文字运用的早期阶段如王世杰所述："公元前三世纪到公
元三世纪：有自己的语言，使用佉卢文。公元三世纪至六世纪：早
期于阗塞语（属于东伊朗支）。使用婆罗迷字母。公元六世纪至十世
纪：晚期于阗塞语，使用婆罗迷字母。"[①] 佉卢文是最早流行于古代印
度西北地区一种文字，在犍陀罗地区得到了广泛的使用。英国语言学
家巴罗对比分析得出，于阗人恰恰是利用佉卢文字母拼写出了自己的
土著原始语言。婆罗迷文字传入于阗与贵霜帝国南北争斗的变化有
关，兴盛于南部的婆罗迷文字，开始附着以军事、商贸、佛教传播等
方式进入于阗，成为另一时期影响于阗的重要文字，并且被于阗文化
圈不断吸融合新词汇、新词素，进而引发了主体语言的变体。

---

① 王世杰：《神秘的大漠边缘》，天津：百花文艺出版社，2005年版，第62页。

　　对比于阗和印度史上的语音和文字，这个庞杂的语言系统，呈现出了敞式状态。相互之间千丝万缕的联系，以及原初语言的基础，恰恰是佛教文化进行传播的有利条件。而且如同结构主义语言学派所述，两者成为了一种非静态而是动态的共时性，由此引发了一系列的佛教文化上的功能效应。假如于阗语言为一系统，印度语言为一系统，其中"根据一个命题，语言是一个记号系统；另一个命题，语言是一个社会事实。"① 作为佛教文化借助的语言体系，本身就是一种佛教文化的记号，这种记号的背后是印度佛教这一社会事实的庞杂文化内容。"就其社会作用而言，我们必须根据语言与语言之外的现实这两者之间的相互关系。要么它具有交流功能，即是说，它指出所指；要么它具有诗的功能，即是说，它指向记号本身。"② 印度佛教恰恰是借助语言这一现实，拉近于阗与印度的联系，这种联系中的交流功能所指的就是佛教文化借用的语言记号本身。所以说"两种语言非常接近，因为它们具有共同的根源和词汇基础。"③ 这样的话，"语码之所以为语码，就在于它能译成另一种语码。这就是语码的特点。"④ 这也就是佛教从印度这一语码源流通到于阗的重要因素之一。

　　① 　路易－让·卡尔韦：《赞成索绪尔与反对索绪尔》（*Pour et countre Sauaature*），Payot，1975 年版，第 82、83 页。

　　② 　[法]弗朗索瓦·多斯：《从结构到解构法国 20 世纪思想主潮》，季广茂译，北京：中央编译出版社，2009 年版，第 76 页。

　　③ 　[法]弗朗索瓦·多斯：《从结构到解构法国 20 世纪思想主潮》，季广茂译，北京：中央编译出版社，2009 年版，第 76 页。

　　④ 　樊尚·德孔布：《自我与他者》（*Le Meme et lautre*）Minuit，1979 年版，第 121 页。

（五）医药影响因素

戴维·伍兹（David A. Utz）指出："印度的行政以及宗教方式，甚至在某种程度上印度文化的其他方面比如医药，构成了于阗生活的基础。"[①] 出土的大批文献《医理精华》、梵语于阗语双语写本《耆婆书》《于阗文献指南》等可以看出印度与于阗相互之间的紧密联系，另一方面双语及双向度的传播也在一定程度上影响了后来佛经的双语翻译和输入输出。例如，梵文于阗文《金光明经》，编号为 P. 2899 正面写《须摩提长者经》，卷端题"于阗开元寺一切经、卷背书于阗语医药文献"[②]。而密教经典中医学内容繁杂，如《千眼陀罗尼经》、《观世音陀罗尼经》、《善门陀罗尼经》。由此得知，一是印度密教的传入与昌盛；二是印度医学对于阗医学的渗透及两者融合的紧密；三是为向中原地区汉室传播密法以及与西藏密宗的相互融合奠定了共同语境和相同潜在媒介场域。

（六）交通影响因素

李吟屏在其《和田历代交通路线研究》论文中就于阗国历代交通

① David A. Utz, Khotan：Indian Urbanization, Historical Tradition and Nomadic Culture,（unpublished paper）p.5. 转引自 Victor H. Mair, The Khotanese Antecedents of The Sutra of the Wise and the Foolish（Xian yu jing in Erik Zùrcher.et al..eds.. Buddhism across Boundaries, Chinese Buddhism and the Western Regions, pp.416–418。

② H. W. Bailey, ed., Khotanese Texts, III, Cambridge：Cambridge University Press, 1969, p. 78。

道路的研究表明，于阗历史上就注重交通道路的修建，驿站等交通设施齐全，而且由于沙漠地区的特殊环境，交通线路一般与河道走向趋同，这就从水源上更加利于于阗来往的商人过客。所以于阗三条沿河道通向外界的主干道，在印度佛教的传播上有特殊意义。素有丝绸绢都以及美玉之国的于阗，于阗文书编号 P.2741、《沙州上都进奏院上本使状》P.3547 等诸多文书中都关于玉石生产、玉石加工、玉石流通的记载。贸易昌盛的于阗利用其经济上的优势，在东西方交流史上，形成了设施完备的贸易市场，而考古发现的大量中外钱币也在某种程度上印证了这一点，其中"汉佉二体钱"不仅证明了商业的繁盛而且两种字体同在于一个钱币之上，也是对印度和于阗商业交流上的证实。正如王世杰对印度文化传入于阗的方式，其中之一通过商旅的结论，我们有理由相信佛教文化借助商业活动或者说借助便利的交通要道，由此流入于阗，间接地为于阗佛教传入打下了基础。而且在贵霜帝国时期，一批贵霜帝国的富商迁居到于阗，在此定居。在一定意义上对文化的交流，有促进作用。

二、传播主体政治力影响

印度的扩张及帝王的影响因素。在印度向于阗全面输入佛教文化的历史过程中，有两个帝国时期和两位帝王尤其热衷。其一为阿育王时期，其二为贵霜帝国时期。在阿育王时期，国力的强盛以及印度的大统一，使佛教得到了空前的盛世。正如日本佐佐木教悟所著《印度佛教史概说》记述："阿育王为了使自己信奉的佛法也能为人民信奉，使人民实践佛法，发扬佛法，因而发布法敕，铭刻法敕……阿育王亲自到全国各地进行佛法巡行，对当地住民施行佛法教诲……阿育王命令地方长官应每隔五年在各自领地内巡回一次。设立正法大官，对佛教僧伽、婆罗门教、吾那教、邪命外道等一切宗教采取宽容的态度……阿育王为了清理僧伽混乱，从阿呼山请来目犍连子帝须，驱逐分别说以外的非正统说论者，召集一千名阿罗汉，编撰了一部《论事》。这是佛灭 236 年之后的事，叫第三次集结……阿育王向印度边境及希腊诸国派遣法的使者。"此记述在 A.K. Warder 所著的《印度佛教史》、英国渥德尔著述的《印度佛教史》、张曼涛编著《现代佛教学术丛刊93 第一〇辑三 印度佛教史论（印度佛教专集之二）》、慧圆居士编《印度佛教史》、圣严法师编述《佛学基本知识 印度佛教史》都有论述。由此可以看出，军事实力的强盛使得阿育王的势力范围扩展很广，多罗那他《印度佛教史》中记述已经到达了于阗地区，而且藏文、汉文资料中也有关于于阗建国的描述，这就从一定意义上建立了两国佛教传播的可能性。而且阿育王的第三次集结在一定程度上，是对印度这个佛教传播源内部力量的加强，随后他派遣教法传播教师们四处传法，虽然没有明确提到于阗，但是有理由相信这股传法浪潮一定波及了于阗地区。

"贵霜朝的第三代是迦腻色迦王（汉译王名前有"真檀"二字，真檀即真陀是于阗的别名原来月氏族的大部分所谓"大月氏"迁走了，有小部分所谓"小月氏"仍留居于阗。迦腻色迦王即属留下的小月氏族，与贵霜朝前二代不是一个系统），其人雄才大略，效法阿育王，利用佛教以实现他侵略的野心（他曾侵入摩揭陀。现在中、东印

度都发现了他的货币）。"[1] 在贵霜王朝迦腻色迦王第四次结集前后，佛教又分为大乘、小乘两大派。迦腻色迦王信奉大乘佛教，由于贵霜帝国的大力弘扬，大乘佛教逐渐兴起，佛教进入鼎盛时期。这时，印度龙树和提婆创立的空宗了出现，是大乘佛教的最初派别。大乘空宗在古印度传播极广，远播域外，影响遍及中亚、东亚。本来信奉小乘佛教的于阗开始广泛接触以及改信大乘佛教，基于月氏种族以及贵霜帝国富商迁居于阗等因素，于阗在这一时期接受了印度佛教，继阿育王之后又一次佛教的洗礼。这就为于阗这一佛教中转站的继续发展提供了强有力的能量支持。

三、受传主体政治力影响

于阗尉迟王族对佛教十分推崇。《宋云行纪》中曾记载：过去的于阗王们都不信佛法，商人向于阗王介绍一位比丘，是佛的弟子名叫毗卢旃。毗卢旃在一处杏林树下，为于阗王展现了佛的真容，使得于阗王从此开始信奉佛法。而《大唐西域记》、藏文文献《于阗教法史》中都有类似的叙述。从于阗历史上看，长时间统治于阗的尉迟家族，对于佛教的支持达到了竭尽所能的程度。藏文文献《于阗法授记》记载于阗王名 Vijaya Sambha-va，法名普胜生就是弥勒菩萨化身，毗卢

---

① 吕澂：《印度佛学源流略讲》，中国科学院哲学社会科学部佛学班讲稿，1979 年第 1 版，第 33 页。

遮那则为文殊菩萨化身。挪威学者柯诺（Sten Konow）在其论文《于阗研究》中认为休莫霸正是 Sambhava 的音译，其全名即为尉迟休莫霸（Vi-jaya Sambhava）。为率先引进佛教的王氏。而历史上诸多王族，不但颁布法令保护僧侣，向外界派遣使臣皆有僧人同行，作为国教的佛教，于阗国每次的行佛仪式也颇为壮观，根据法显的记述，于阗每年四月一日开始清扫街道，城门悬挂帷幕，王公贵族全城百姓，举国参拜由四轮车装载的佛像，一连行佛十四日。"由行像活动可看出，佛教实际上是于阗的国教，重大的佛教活动，倾国而动，耗费大量财力、人力，而国王成为这些活动的带头羊。"[1] 而法显记述，于阗王城附近一座金碧辉煌的寺院由于阗王，费时八十年，历经三代王，倾尽国力修建，足可见王室对佛教的尊崇。作为印度佛教接收端的于阗，在尉迟王室如此崇佛礼佛的情况下，对于佛教的进一步发展有了以下的显著成效。

（一）译经僧团的出现以及高僧的传法活跃。"另有朱士行者，于魏甘露五年入西域，行经于阗，求得般若小品梵文正本，遣徒赍回洛阳，先托无罗义与竺叔兰二人合译之名曰放光般若经，华人之西行求法，此为首次也。"[2] 朱士行的首次取经以及译经意义非凡。"公元 5 世纪初，正值于阗国佛教处于极盛时期，国中有大伽蓝十四所，小寺不计，有僧数万人，多学大乘，人家门前，皆起小塔。"[3] 而其中最著名的译经高僧实叉难陀两度被中原王朝请来译经。实叉难陀，又译施乞

---

① 李吟屏：《和田春秋》，新疆：新疆人民出版社，2006 年版，第 59 页。

② 张曼涛：《现代佛教学术丛刊 92 第一〇辑二印度佛教概述》，1979 年第 1 版。

③ 周连宽：《瞿萨旦那国考》，收于其《大唐西域记史地研究丛稿》一书，北京：中华书局，1984 年版，第 229—236 页。

叉难陀，其意为"学喜"。《高僧传》称他"智度恢旷，风格不群，善大小乘，旁通异学。"可见他是于阗出类拔萃的学者。他曾把大量经典从于阗带往中原，并进行翻译介绍。另外于阗沙门提云般若（天智）他学通大小乘，智兼真俗，观术禅门，悉皆诣晓，译经甚多。于阗宽松的传法环境使得中原、印度、西藏大量取经高僧到此。例如中原取经第一人朱士行以及法显、玄奘等。如东天竺三藏沙门达摩战涅（一作坦）由中原西行归国，因路上染疾，由疏勒到于阗，住金轮逝于此寺，埋骨于阗。8世纪中叶以后，西藏曾派遣大批青年到于阗研渎佛经，取回于阗文经典。据藏文史籍《贤者喜宴》、《西藏王统世系明签》、《青史》等书记载，松赞干布曾邀集了一批中原、吐蕃、于阗等族僧人对取自中原的汉文和于阗文经典进行翻译。于阗国实际上成为了一个巨大的译经场域，为传自印度的佛经更好的弘扬佛法，做出了不可估量的贡献。

（二）于阗大量佛经的出现。于阗为印度佛教进入中国的第一站，初期来华译师所译大乘佛教经典原本十有八九来自于阗。如曹魏朱士行西行寻求《放光般若经》原本，即由于阗获得。西晋时支法领在于阗获《华严经》梵本三万六千偈。沮渠京声所译禅法要解等经典原本也大多来自于阗。萧齐时，达磨摩提译出《法华经·提摩达多品》，虽仅一卷，但是最早传译的《法华经》其原本也在于阗所得。当时于阗王宫有《法华》梵本六千五百偈，昙无谶译《大涅盘经》四十卷，只有其中前十二卷原本为其从中印度携来，余则皆在于阗获得。而于阗并非只是简单的翻译佛经，从某种程度上进行了独创性的书写经文。"法护翻译所据的原本……是于阗沙门祇多罗（后译抵多蜜、意译歌友）带来并为他助译的……法护在西域所搜集的佛经，就不是一个地方得到的，如《光赞般若》是于阗人带来的……从于阗传入的经本或由于阗来人所作的翻译，也都是大乘经类。前者如《光贸》、《放光》后者如译家实叉难陀，法护的助译祇多罗等，都是来自于阗（现在约计原本出于于阗的大乘经在五十部以上）。因此，说于阗是当时西域大乘的中心，殆无可疑。大乘经以于阗为中心向各地流通，其时在公元一世纪左右。于阗流行的经，似乎还进行过修订和补充……隋代的阇那崛多和唐代的玄奘．都把于阗看成是大乘的中心。"①19 世纪末发现于阗的于阗文长卷《判官赞跋私多（YsambasL6 — z8m basta）倩人抄卷》以及《佛本身赞》皆为于阗变体独创经书。俄国领事彼得洛夫斯基以及法国的杜特雷依等人购得的佉卢文《法句经》为小乘经典，从某种程度上也说明于阗对小乘佛教的传播贡献。

（三）寺院及佛教艺术品。藏文文献《汉藏史集》记载："总的来说，和田（按：即于阗）地方的大寺院在城内外有六十八座，中等寺院有九十五座，小寺院有一百四十八座。另外，荒地小庙及不属寺庙之佛像佛塔等，共计三千六百八十八处。据桂·措衍金波鼠年统计，和田地方共有比丘一万来名。"②张广大、荣新江在其《于阗佛寺志》一文中就于阗历史上主要寺院进行了详细的考证，其寺院有赞摩寺、瞿摩帝寺、牛头山寺、王新寺、毗沙门天神庙、麻射寺、龙兴寺、Dro—tir 寺、净土寺、地迦婆缚那寺、护国寺、金轮寺、萨迦耶伦寺、毗摩寺。而专门记载于阗佛寺情况的《于阗国授记》一书中还列举了大量僧尼寺院，如弥勒寺、伽师尼寺、公主寺等。《佛国记》中记述

①　吕澂：《中国佛学源流略讲》，北京：中华书局，1979 年版，第 39—42 页。

②　达仓宗巴·班觉桑布：《汉藏史集》，陈庆英译本，西藏人民出版社，1986年版，第 53—59 页。

有载："其城西七八里有僧伽蓝，名王新寺。作来八十年，经三王方成。可高二十五丈。雕文刻镂金银覆上众宝合成。塔后作佛堂，庄严妙好，梁柱户扇窗牖皆以金薄。别作僧房，亦严丽整饰，非言可尽。岭东六国诸王所有上价宝物多作供养。"于阗一个弹丸小国却拥有如此众多的寺院，由此可看出印度佛法在实体传播上对于阗的现实性影响已经颇具规模。除了考古发现的于阗寺院遗址外，大量的佛教艺术品也充分展示了于阗佛教的真实面孔。20 世纪初，斯坦因在热瓦克附近挖掘出大量佛像塑像、彩色壁画、佛教版画以及震惊世界的九十一尊巨型佛像。其佛像从造型艺术上看，有明显的印度犍陀罗风格，恰恰印证了印度佛教黄金时期笈多王朝对于阗的影响。

（四）文化的进一步扩散。吐蕃统治时期，于阗文写本编号MT.bii.0065 载："自最优秀的藏人守卫于阗国，其统治已进入第六个年头。"于阗佛教又融合藏传佛教，其境内赞摩寺演变为西域密宗基地。德国学者克林凯特研究指出："和田最杰出的绘画，大部分产生于公元 6—8 世纪……这些图案，例如双头金刚杵，部分的已经具有密教特点。确切无疑是密教的东西，是一个大概被看作大黑天的三头神，"[①] 而霍巍教授写道："最具有代表性的是于阗。这个地方有关早期佛教传入的记载多系神话传说，与吐蕃的情形极为相似。"[②] 由此看出于阗与吐蕃之间的宗教渊源。而从地理交通上，森安孝夫认为：有两条路径一条是从西藏中部（吐蕃王朝发祥地）至西北的喀喇昆仑、帕

　　① ［德］克林凯特：《丝绸古道上的文化》，赵崇民译，新疆：新疆美术摄影出版社，1994 年版，第 158—159 页。

　　② 霍巍：《从考古材料看吐蕃与中亚、西亚的古代交通——兼论西藏西部在佛教传入吐蕃过程中的历史地位》，北京：《中国藏学》，1995 年第 4 期，第 50 页。

米尔路线；另一条是自西藏东北去青海、柴达木的路线。①而学者霍
巍以文献法考证出了另外两条，一为勃律道；另一条吐蕃五大道，这
条道路羊同，据《释迦方志》记载："大羊同国，东接吐蕃，西接三
波坷，北接于阗。"②而中道的开通更加便利的连接了于阗与西藏的交
通。霍巍教授进一步用考古与文献的相互印证方法，得出了西藏—于
阗—印度的交通路线。这从一定程度上证明了于阗在沟通西藏与印度
上特有的地理位置，也说明了三种文化场域、类型在历史维度和空间
维度中的互渗。

结论

"大西天"的印度作为传播主体与受传主体"小西天"于阗，两
者之间正是因为佛教这一文化媒介有了诸多交流与融合。而作为传播
源头的印度，除了历史上强大帝国和帝王在军事上的扩张外，对佛法
的崇信以及积极推行之外，两国地理上的优势、种族的亲缘性也是使
得佛教文化深入交流的重要因素。而作为接受端口的于阗国，在交通
上的积极修建，历代帝王对佛法的狂热推崇、人才辈出的佛教高僧，
都构成了于阗佛法的鼎盛。尤其要注意的是，虽然于阗成为了一个佛
教文化的中转站，但是从另一角度可以看出，于阗这一次级传播源却

---

① ［日］森安孝夫：《中亚史中的西藏—吐蕃在世界史中所居地位之展望》，钟
美珠等译，拉萨：《西藏研究》，1987 年第 4 期，第 111 页。

② 《释迦方志》卷上，遗迹篇第四。

自发生成了佛教主体传播源头，他对西藏尤其是中原甚至更远的日本都起到了主要传播的功能并产生了裂变式的文化传播效应。

参考文献：

（1）季羡林：《中印文化交流史》[M]，北京：中国社会科学出版社，2008 年版。

（2）王嵘：《昆仑迷雾—于阗》[M]，昆明：云南人民出版社，2002 年版。

（3）张广达、荣新江：《于阗史丛考》[M]，北京：中国人民大学出版社，2008 年版。

（4）李吟屏：《和田春秋》[M]，乌鲁木齐：新疆人民出版社，2006 年版。

（5）李吟屏：《和田考古记》[M]，乌鲁木齐：新疆人民出版社，2006 年版。

（6）李吟屏：《佛国于阗》[M]，乌鲁木齐：新疆人民出版社，1991 年版。

（7）马大正：《新疆史鉴》[M]，乌鲁木齐：新疆人民出版社，2006 年版。

（8）余太山：《西域通史》[M]，郑州：中州古籍出版社，1996 年版。

（9）季羡林：《大唐西域记今译》[M]，西安：陕西人民出版社，1985 年版。

（10）[英]斯坦因：《斯坦因西域考古记》[M]，北京：中华书局，民国 35 年版。

（11）苏北海：《西域历史地理》[M]，乌鲁木齐：新疆大学出版社，1988 年版。

藏区两地现代教育田野叙事对比研究

　　人类社会的教育文明的形成具有两种基本形式：突破性文明／连续性文明，两者在历史形态上呈现为断裂性结构／延续性结构，两种形式与结构成为人类繁衍、生产人类社会教育物质／精神基础的过程化历史表述。教育社会的历史是极富动力动态的社会化空间生成，在其特定的历史地理空间构建富有差异性的模式，这种模式包括三个层面：教育空间实践，一种扩展式的教育物质地理环境层面；教育空间表征，由教育实践活动的意识模型与教育实践本身构成；教育媒介空间，指教育实践者交互关系、教育实践者与教育媒介环境关系以及运用教育媒介技术，所进行的知识传播。人的教育实践所产生的空间，首先是人的文明活动的成果凝聚，通常以可感知的物理意义上的场域予以展示，其次是教育经过历史的绵延，产生出了教育特有的符号编码、媒介技术，表现着传播意义上教育主体对受教育者的多向度教育输入以及后者对前者的反馈，最终整体教育群性／个体，在教育空

间实践行动和物质化，以具体的教育事件点（evental site）①作为社会空间的中介，进行教育空间各层面内 / 外部和社会整体空间的交流互动，以此来产生社会文明发展。

民族地区是相异与居住人群占绝对优势的汉族而言，保留自我风俗习惯、地方性知识的区域，作为民族地区的儿童，其所接受的体系化教育，往往表现为国家整体教育模式下的文化知识传播，忽视了民族心理层面的接受—反馈及内向、潜在的认识，尤其是少数民族儿童心理的认知水平，"忽视培养儿童的国家认同与全球视野的教育。"②，民族区域内的近现代教育现状，也就成为了既统辖于大教育体系下，又具有自身特色相异与汉族地区的情势③。笔者就民族地区教育问题，曾于 2011 年跟随西北民族大学历史文化学院考察组（此调查组已经连续六年进行天祝藏族自治县的教育帮扶活动），进入甘肃省天祝藏族自治县哈溪镇长岭小学，进行了为期一个月的实地调研，并于 2015 年个人进入云南省迪庆藏族自治州德钦第二小学，进行了为期三个月的田野调查。两个省份，同样的民族，不一样的区域，针对儿童群体 / 个体、儿童与周边人群关系、学校组织等的一系列，运用扎根理论、主客位法等相关研究方法，进行了全面深入的考察。

---

① 事件点：法国哲学家，阿兰·巴丢概念，所谓教育史的历史点是指，教育情势与教育情势状态之间关系引发出的一种多，一方面是事件点的原素构成，另一方面又是他本身。

② James L. Multicultural Education in a Global Society［M］.Lewes：The Falmer Press，1989.2，4，xi.

③ 情势：法国哲学家阿兰·巴丢核心概念，情势为显性结构存在特征，包含两个多元性质：断裂的多元和连续多元。

一、天祝藏区

（一）实地调查部分

1.历史地理：天祝，藏语称华锐，意为英雄部落。天祝藏族自治县是中华人民共和国成立后第一个实行民族区域自治的地区，位于乌鞘岭下，境内山高谷深，沟壑纵横。聚居在这里的藏族是我国最主要的少数民族之一，由于特殊的历史、地理和经济原因，民族地区教育起步晚、基础差。在两基工作的正常实施过程中，天祝县做出了长足的努力与贡献，但是九年义务教育的实施以及文盲的消除是一个长期艰巨的任务，作为一个人多地少、山多地少的农业县，其教育工作的开展更为必要与特殊，所以我们调研小组以天祝县哈溪镇长岭村为例，进行了这次调研活动。

2.调查对象：甘肃省天祝县哈溪镇长岭村小学全体学生。

3.调查方法：除采取实地调查的研究方法外，通过问卷调查法、访谈法、数据分析法、文献法获得相应的资料。问卷调查，在问卷设计上分为学生问卷和村民问卷两类，学生问卷涉及有关学生性别、家庭结构、心理问题等十七个调查内容。主要在老师的指导协助下由学生根据自身真实情况进行填写。村民问卷包括村民基本情况、对子女接受义务教育态度、自身接受政府培训的态度等十八个考查内容。主要是在调查人员挨家挨户进行访问时，由村民自己填写或者在与调查人员访谈过程中代为填写。在对村民进行访谈过程中，就一些问卷没有涉及但是对于此次两基课题调研有所帮助的信息，

调查人员进行了细致认真的询问以及记录，此次调查中进行学生家访的队员也协助完成了一部分的问卷调查并且对所走访的家庭进行了具体的询问工作。

4.调查目的：六年对天祝县哈溪镇长岭村的支教和相关课题调研，使我们对国家实施的两基政策有了一个直观的认识，因此以天祝县长岭村为例的西部地区"两基"攻坚阶段实施过程中和现今攻坚计划完成后所面临的问题及对策进行细致深入的研究，试图通过这样一个西部多民族地区义务教育和扫盲工作实施情况为基础的了解，对本地区两基工作所取得的成绩有所阐述，进一步发现实施过程中的问题和问题根源，并从实际研究出发、客观分析出相应的解决对策。

（二）调查过程与分析

天祝县哈溪镇长岭村两基实施发展状况：哈溪镇位于天祝县西北部，是典型的高寒边远山区，居住着藏、汉、土、蒙等7个民族，是一个多民族聚住地，全镇有两万多人，主要以农牧业为主，总耕地面积2.82万亩。而作为哈溪镇较大的长岭村，现有人数四百多户一千六百多人，是当地村民人员较多的一个村庄。自两基工作实施以来长岭村坚持以长岭小学为九年义务教育和扫盲工作的教学实施点，坚持"一堵二扫三提高"的工作方针不动摇，坚持扫盲后继续教育与巩固提高相结合的做法不动摇，建立扫盲工作动态管理机制，加强对新生文盲、复盲、迁移性文盲的监测、登记，不断补充完善扫盲档案的内容，及时准确反映文盲数字及扫盲、巩固提高学习状况。使农村青壮年脱盲率保持在 98% 以上，对 15 周岁以下的失学儿童，督促返校完成义务教育。

九年义务教育实施情况调查分析：此次调研过程中关于长岭村九年义务教育情况所发放的调查表一共 60 份，收回 58 份，调查对象包括长岭小学一到五年级学生。

1. 在填写调查表关于九年义务教育实施情况，就九年义务教育国家政策一栏中，92% 知道国家这一政策的颁布，8% 学生知道一点，只有 2% 年龄较小的学生不知道。在是否享受国家减免学费政策一栏中，98% 的学生享受到了国家的减免学费政策，2% 的没有或是不知道此项政策的颁布。调查结果表明：就这几年国家九年义务教育的实施情况是深入民心的，尤其是对适龄儿童的健康发展是具有巨大作用的，而国家加大资金投入，减免学费的政策使得很多贫困家庭的适龄儿童可以不交学费或是少交学费接受学习。两基之一的义务教育实施在长岭村还是较为成功，但是由于受到地域、经济、家庭等诸多原因的限制，其实施情况的展开也遇到了很多问题。

2. 长岭小学学生对九年义务教育的认知及实施的主客观因素：在学生主观认知上，就接受教育的重要性一栏中，98% 以上的学生认为读书对于自己将来的发展至关重要，并且愿意继续接受更高的教育。99% 的学生认为学习任务并不繁重自己有信心完成学业。客观因素调查中，100% 的学生家长愿意供读孩子上学，98% 的家长在经济状况不允许的情况下，不会选择孩子辍学。值得关注的是主要照顾学生学习生活一栏中 95% 的学生是在爷爷奶奶的照顾下生活学习。由此得出：长岭村近几年的九年义务教育已经颇有成效，受教育主体的接受教育心理及渴望程度对比以往有很大的提高，家长在有关部门的广泛

有力宣传下对孩子接受教育的重要性及孩子未来发展都朝向良性势态增进，但是由于外出打工人员的增加学生家庭教育结构明显改变。

3. 对教育环境的调查：作为建立于 1931 年的长岭小学，其悠久的历史足以说明这所学校为当地教育事业所作出的卓越贡献，在近些年中，国家实施两基开始，逐渐形成了以长岭小学为中心的教育实施基地，就学校与学生相辅相成的两极中，98% 的学生以及学生家长认为长岭小学的教学质量正在逐年提高，96% 的学生认为国家加大力度改善的教学设施良好，在学校开设艺术课程及品德教育课程一栏中，100% 的学生选择学校有开设艺术类课程及相对的品德教育课程。由此可以看出，两基政策在教育环境的改变上可谓投入、投资巨大，校舍及配套设施的建设与购置上已经颇具规模，在调查的学校师资情况以及教师水平上，学历较高能力较强的老师已经通过甘肃省这几年的特岗考试以及"三支一扶"、地方招聘的形式进入学校，这对一线终端基层的构建影响力巨大，尤其是在以往强调文化主要课程学习的情况下，加大了艺术课程以及学生道德教育的实施，这对于身处地方经济并不发达，较为封闭环境下学习的学生来讲，均衡了全面发展并且引导了学生健康良好的心理、道德素质。

（三）儿童教育存在问题及原因

1. 由于地理环境的限制以及经济基础薄弱的现实存在，尽管在校舍建设以及配套设施的购置上，长岭村已经有了较大的改善，但是相对天祝县教育发达村镇，其设施情况还是存在差距，尤其在信息教育工程实施上存在欠缺，这就限制了学生接受外来新鲜事物以及新知识的途径，对学生知识面的扩展有所影响。

2.对于长岭村的残疾儿童以及智障儿童相关的教育配套体系尚不完善，村民们限于经济、精力等诸多因素的考虑，出现这样的情况往往采取听天由命的方式，使这一类处于生存边缘的适龄儿童不能得到有效的教育。

3.虽然近几年特岗、三支一扶等教师选拔使得许多热衷于教育事业的人才走向了农村但是由于教育条件、师资情况等原因的限制，许多教师紧紧局限在自己的一亩三分地，没有更好地利用现有途径，进行切实可行的教育资源的互相沟通和构建，对于先进教育理念、先进教育技术的引进上有所偏差和不足。

4.九年义务教育在完成最基础的主文化课程的同时，就长岭小学而言，虽然学校在艺术类课程以及品德教育课程的设置上，有所突破，但是在重视程度以及课时安排上依然存在问题。由于家庭环境、地域限制等因素的存在，品德教育的发展与本县发达地区有一定的距离，在关注学生心理方面，教师的主动性和方法明显缺乏。

（四）研究对策与建议

两基攻坚虽然已经顺利并且高标准完成，其九年义务教育普及率以及扫除青壮年文盲情况都上了一个新的高度，但是作为西部大开发的整个发展趋势来讲，两基工作的长期性和基础性依然存在，就本调研小组在对天祝县哈溪镇长岭村两基实施情况调查过程中发现的问题，通过研究分析，在巩固九年义务教育实施取得的已有成果，适时的进行深入拓展性的延伸发展。

1.在现有加大力度校舍改建、配套设施的添置已取得的显著成果上，应该不仅仅停留在可使用性以及数量上升的层面上，而是要学校硬件质的提高，在校舍选择、布局结构上一定要合理，在配备设施上一定要考虑学生身心特点，比如，配备的桌椅板凳其高度一定要尽量符合学生的生理要求，教室的照明一定要满足所容纳人数的最大值，这些都将有利于学生身心健康发展。

2.真正利用农村中小学现代远程教育工程所提供的设施为学生多渠道、多途径引进新的知识和信息。作为一些像长岭村这样较为封闭、偏远的农村，学生的认知仅仅通过书本上的传授是绝对无法满足学生求知欲的，所以运用先进的互联网以及学校相关的教学上的安排，适当合理地将一些外面的知识传播给学生，丰富他们的信息获取量。

3.要给教师更多的培训机会以便更多多地区教师的资源互利，农村学校的教师往往不注重相互之间的资源共享，应该利用像教师培训或者建立局域网络等多种途径，更多地向其他学校的教师进行沟通，对比差异与不足，引进先进教学理念并且改变只注重教学而不注重如何针对学生学习心理、学习方法的现状。

4.加大对一些残疾适龄儿童以及智障儿童接受教育相关政策以及配套设施的完善，对于大多数没有条件单独建立特殊学校的地区，应该更大可能的让残疾孩子或智障儿童进入到课堂上，使他们享受与正常孩子一样的教育，这是在尽可能的铺展九年义务教育实施的辐射面积而且对于残疾、智障孩子来讲建构其健康心理不可或缺的一步。

5.学校在主文化课设置的基础上应该对没有或者已有但不多的艺

术课程，例如音乐、美术等有所添加、增设、加大，均衡农村学生的各种兴趣，尽管我们明白与发达地区的课程设置的确存在差距但是缩小这种差距也是一种可能和进步。除此之外教师对学生心理的辅导也是一个较大的盲区，这是对教师自身的较高要求也是对孩子健康人格形成的关键，尤其是对那些留守学生的关心、关注。

6.作为像天祝县这样多民族聚居区域，在学校教育中，应该从小给多民族的学生灌输民族团结以及爱国的思想教育，这种意识培养，对于我们这样一个多民族的国家来讲，意义非凡，也是九年义务教育深入拓展的一个关注点。

二、德钦藏区

（一）实地调查部分

1.历史地理：德钦藏语意为极乐太平，全境山高坡陡，峡长谷深，地形地貌复杂，曾为中印交通要道，滇西北商业重镇。境内主要居住民族是藏族，傈僳族等，藏族占人口总数的八成以上。由于处于高寒地区、交通不便，村落分散，社会发育程度低等诸多原因，严重制约的德钦教育的发展，本人以个人行为，针对性的进驻德钦县第二小学，进行了长达三个月的观察、走访及实地调查。

2.调查对象：德钦县第二小学全体学生

3.调查方法：主体以扎根理论进行了主客位观察，所观察的方

面涉及了学校建设、教师日常行为、学生学习活动；走访了老师、家长、学生以及周边村民，对所观察、访谈中的重要问题予以记录，对学生住宿制度下的学习行为、交往心理等作为重点，进行考察。

4.调查目的：对学校一千多名，大多数来自牧区的儿童外在行为和内在心理，进行探究。并对政治力下合并当地奔子栏镇和羊拉乡二十多所小学集中办学后，整体群性/个体、教师/学生进行多向度的寻找，实施过程中出现的问题和探究问题根源，并从实际出发、客观分析出相应的解决对策。

（二）调查叙事与分析

德钦县第二小学是一个藏族寄宿制小学，也是迪庆藏族自治州第一所跨乡镇办学的试点学校，2011年整合了奔子栏镇、羊拉乡等诸多村落分散点办学机构，进二十多所小学集中整合，进行办学成立学校。学校总占地面积141.2亩，绿化面积70亩，总建筑面积达27200平方米。基础设施十分完备，出于寄宿制的原因，学校在师资配备上分别以第一，二班主任、生活老师，三位教师负责一个班级原则，教学硬件上各类现代化学习设备一应俱全，近些年接受社会捐赠，也使得学校开始拥有独立多媒体教室、音乐教室、画室、塑胶跑道等，其设施与发达城市几乎无差别。生活设施方面，学生宿舍楼公寓化，设立独立卫生间、洗漱室，学生拥有集体洗浴室，食堂设施齐全，餐食搭配合理，并以每月过生日为传统，各班分餐一个生日蛋糕，日常生活分法水果、饮料、衣物等生活用品。学校硬件设施以学习、生活、运动三位一体，合理进行布局。其软件方面，教师队伍不断更新，由原先师范毕业生、师范大专生，已经适度更新为师范类本科生。但是生活老师由于诸多原因，依然停留在初中毕业或者社会招聘，其待遇也是教学教师／生活老师两极分化，严重制约了学校整体发展。

1.教学实践方面：总体的教学实践依然以师本教学为主，尽管教师队伍呈现出中师、大专、本科，三个学历等差，但是限于地域及知识接受者的认知水平，很多教师依然采取粗暴、简单的方式，进行学生教育，很多先进的教学理念及教学方法有所引进，但是无法深入，例如生本教育理念。对于学生的培养依然以分数、升学为核心，相对弱化其素质教育方面的实施。

2.学生儿童心理：由于受到大环境教育模式的影响，学校在教学实践中采取与他者地区无差异性的教学认知，这就使得在对待学生内在心理方面的教育及干预，依然没有考虑到偏远牧区环境、家庭背景、民族成分等诸因素，狭隘、片面、机械的，将其视为教育接受者个体，而非在共在性下拥有个性差异的群性／个体。而且在心理教育方面，学生被关注度较低，很多学生的人格形成受家庭影响，尤其是宗教力（藏传佛教）、家庭宗教氛围的影响较明显，例如很多学生佩戴嘎乌（护身符），学生儿童时期心理权威形象以世俗界的老师（以日常教育行为塑造）和家庭氛围中的民族崇拜神（日常家庭强化）共同构成了学生的畏惧心理的形成。学校对学生生理健康及心理健康的重视不足，没有相应的心理健康课程开设，对于正确健康心理的疏导也尚未实施，这就导致了一些学生不良行为的出现，笔者在走访时，教师讲述过有关高年级学生有手淫行为的现象，校园暴力行为也时有发生。

3.家庭教育方面：首先，寄宿制小学使得学生远离父母家人，无法在童年时期得到家人正常的呵护，父母家人的角色被老师、生活老

师所取代，但取代者无法履行真正角色与义务，笔者在考察期间发现很多低年级学生以生病名义请假回家，以此来获取回家机会。其次，当地婚姻风俗，很多家长结婚尚早，生下孩子后离婚现象普遍，使得诸多家庭出现单亲、再婚现象，或者父母外出工作，家中剩下爷爷奶奶，隔代教育也使得父母亲子教育缺失。最后，穷困偏远地区家庭，无法在节假日来探望孩子，很多孩子性格孤僻，只能在一旁观望其他家长来探望自己的孩子，为自己的孩子购买食品衣物。

4. 一位老师与家长矛盾的叙事：自担任一个多学期的班主任以来，我发现学校与很多学生家长存在矛盾，很多问题尚待解决；其中最为突出也最应引起关注的问题除了学生学习方面的问题，当属生活老师与家长间存在的矛盾。其矛盾较为复杂，可大可小，往往是由一些很小的事情引发，再由沟通不畅使事情变得复杂，由此产生了负面的连锁反应甚至影响到正常的教学秩序。例如：今年三月的某一个星期天的傍晚，有一本班学生家长情绪较为激动地打电话告诉我："老师，我发现我们家的某某（学生）被生活老师打了。"面对这样的事情，作为班主任，首先我安抚了家长比较激动的情绪，再对某某（学生）本人被打事情做了初步了解。本着事物具有两面性的观点，我又打电话给生活老师对该事件做了进一步深入了解。最后我对家长做出一些类似以后尽量不会再有这类事情发生的承诺，对学生开展了在学校要听从老师安排的教育，和生活老师进行了一次就对学生要有耐心的谈话，这件事情就告一段落了，然而我知道这类的事情不会就此结束。而是在国人吹毛求疵的祖训上将问题日益多元化、多样化，并在这条道路上越走越远、越走越宽；在这些五花八门、层出不穷的事件背后，上至学校校长、下至食堂炊事员都受过不同程度的指责；但是问题既然已经出现，作为一名少数民族地区的普通教育工作者，我有必要也有责任对本校出现的此类问题进行思考和分析，也殷切的希望校领导予以关注和帮助我们疏导和解决此类问题。①

（三）儿童教育存在问题及原因

1.师本/生本教育的严重对立，由于地理位置、民族习性、教育环境等综合原因，以师本教育为主要模式的教育方式方法，大行其道。笔者在考察期间，遇见班主任对破坏课堂纪律的学生进行体罚，也有教师对其夜间值周，发现违规学生，进行严厉体罚的情况大量出现。笔者认为这一原因的出现与地域性教育模式有关，也与尚未有研究者从民族性格、儿童认知系统、教师行为心理等诸多层面，进行深入研究，从而寻找解决办法与途径有关。

2.学校儿童心理的立体、全面关注十分薄弱，偏重知识传播使得学生内在心理层面的关注度下降，学校教育体系以分数、升学为己任，也在一定程度上弱化儿童心理疏导，没有心理教师和心理辅导课程，即使存在诸多心理辅导室也形同虚设。很多教师心理认知上并未对儿童心理、人格的塑造，有意识方面的认知。家庭方面对儿童的心理关注更不具有力量，多数家长没有心理健康概念，或者意识中认为教育全部依赖于学校，学生主体对于生长发育过程中的内外在变化，遇到现实问题时，可以寻求帮助以及可以来途径有限。

3.学校教育空间相连接的社会空间中的次级系统——家庭组织，

---

① 事件叙事为德钦第二小学一位低年级班主任。

其稳定性与亲情度直接影响学生成长与发育。调查发现单亲家庭、留守儿童、贫困儿童，在学校学习过程中的诸多方面都与正常家庭的孩子有所区别，比如，性格孤僻、反应力迟钝、学习认知较慢等。由此可以看出社会空间与教育空间存在密切关联，具有影响力度。

4.教师教学单元、生活老师教育单元、家庭教育单元三位一体，但是在现实层面相互之间存在矛盾，例如学校多次出现学生家长殴打教师事件，每一次事件背后引发了连锁式的反应，对教师队伍产生集体心理上的不良影响，教育热情度下降甚至出现消极情绪。

（四）研究对策与建议

1.对于教师队伍的培训应该重点关注其教育理念的引进和实施，例如生本教育理念的学习，而民族地区的特殊性，要继续对诸多现今理念进行适应性的嫁接和改进，以此来更好地为本地教育服务，这就需要团队协同式的合作，通过细致入微的考察、探究，总结出一套教育教学理念，从而改变以往简单粗暴的师本教学模式。

2.儿童心理层面的教育与关注，应该现实可行地落在学校教育计划中，除了每年的招聘中适当增添心理学毕业教师的入职名额外，最主要是学校需要设置定期的心理辅导宣讲课程，及时给予学生有效性的心理疏导。每一名教师要将自己师范类学习时期的心理学，重新激活，有所运用，随时发现问题，随时进行诊断处理。提倡感恩与爱的教育，也是与本地宗教理念、家庭教育氛围相一致的思维，贯彻执行在日常教学教育活动中尤为重要。儿童生理心理健康的发育，限于其寄宿制原因，教师与生活老师必须多向沟通，动态化关注，努力创造健康教育环境中的，学生群体 / 个体教育。

3.家庭教育所出现的问题，需要全社会的努力与支持，对于社会文明度的发展是一个长效有序的过程，这就需要在尊重民族习性及地方风俗的前提下，以正确有利的传播及思想，影响当地社会群性思想行为，目前笔者建议的进入端口，是在尊重当地风俗的基础上，寻找宗教力的突破口，利用宗教力的宣讲与传播，传播有利于家庭稳定的理念及子女教育观，使得年轻家长责任与义务意识提高，懂得家庭教育对子女成长的重要性，明白自身不足，加固家庭稳定与和谐，从而构建家庭与学校双向有利的教育氛围。

4.教师教学单元、生活老师教育单元以及家庭教育单元，三方面是目前学校培养学生的主体三大块，缺一不可，我们必须在意识上同等关注和重视这三个方面。以往的经验，我们较为重视学生的学习方面的培养，忽视了学校生活和家庭教育。这就需要均衡三者关系，构建协同教育模式，其中作为学生的第二个家长，这就需要老师尤其生活老师具备特殊的职业素养。国际通行寄宿制生活老师的标准是具有教育学、儿童心理学以及基础防疫卫生知识素养，究其本校实际情况，我们无法做到这种高标准要求，但是爱心与责任心以及耐心和细心，我们是可以做到的。当然这就涉及每一位老师尤其是生活老师岗前培训以及对生活教育单元的制度化的进一步细化，例如，通行标准50人配备一名生活老师，生活老师必须对所负责的学生细化了解，那些是单亲家庭，那些学生存在心理问题，对第二发育特征后学生具体问题具体分析，以便采取不同的教育辅导方式。在于家长沟通方面，为增进教师与家长的理解和支持，除了必要的家长会之外，我们可以率先进行家长体验式观摩实践活动，挑选家长观摩教师教学、

生活老师如何辅导学生生活，甚至可以让家长参与到学校生活的工作中。这样既弥补了寄宿制学生家庭亲情的缺乏，又在一定程度上增进了老师与家长的沟通理解，有利于学生的全面发展。

5.学校应该重视生活老师的方方面面，对其工作及个人给予关心和重视。实际上可以在这一方面做出大胆的突破，比如建立有效的待遇机制、薪金奖励机制、生活老师的职业评定和晋升机制、生活老师的经验学习示范会、评比比赛和案例教学实践操作的观摩等等，最大可能的提高生活老师的积极性，这也将有助于学校教育口碑及质量的提升。也可以在以后的学校发展中吸引大量的高素质人才进入到生活老师的队伍，增进生活老师的职业自豪感。对于整体生活老师的管理可以借鉴其他地区方法，成立教师委员会，轮值督查教师以及生活老师的日常工作表现，并对其进行量化考量，进入其晋升奖励体系。其考评可以参考校领导和委员会评价、班主任评价、家长评价以及学生评价，综合式全方面提升教学和生活两个教育单元。

三、两地藏区小学对比分析

第一，天祝藏区和德钦藏区，虽然分属甘肃、云南，但是两地藏区的社会文明情势[①]属于外在大环境连续性文明发展前提下的突破

---

① 情势：法国哲学家阿兰·巴丢核心概念，情势为显性结构存在特征，包含两个多元性质：断裂的多元和连续多元。

性文明，总体依据国家整体文明程度的发展框架推进，但是由于历史地理环境的局限，藏区两地社会区域化文明程度较低，整体文明推动力适时进行促进，使得两地藏区产生突破性进步，滞后性又使其呈现出延续与断裂并存的态势。两地小学，天祝长岭小学与德钦第二小学作为当地文明程度塑造机构，其自身构建的教育空间动态化的生成：教育空间的实体（以物理特性存在的机构单位）、教育空间表征（主体包括对学生的教育教化）、教育媒介空间（文明教育的多向传播与社会关系）表现出了差异特征：从教育空间实体看，长岭小学由于位于村落中心，天祝藏区小学布局较为合理、分散，使得学校校舍、硬件设施等，相对德钦第二小学集中办学而言，落后差别很大。现代化的普及程度也远不及德钦第二小学；教育空间表征上，两个学校教学模式不同，长岭小学已经与甘肃地区诸多农村小学无任何差别，其民族汉化程度较高，并未单独设立藏语等与民族有关的教学活动，而德钦藏汉双语教育与德钦藏族风俗文化的浓郁程度有关；教育空间媒介上，天祝长岭小学除了进行义务教育外，还负责当地脱盲扫盲教学、农业致富项目培训等教育知识传播，其社会教育功能化、与社会空间的关联度，要比单纯只是义务教育单位的德钦第二小学高。

第二，两地小学教师团队对比。天祝长岭小学教师长期保持在二十人左右，年龄梯度不明显，学历水平通过近些年的三支一扶，已经普遍为大专以上，少数教师拥有自学考试本科学历，根据听课观察分析，长岭小学的教学方式方法与周边甚至甘肃地区农村小学教育模式雷同，没有出现与当地民族特色、风俗文化相结合的教学实践活动；而德钦小学教师队伍人数近三百名，年龄、学历梯度合理，教学实践活动中，教师有意识地将民族特色予以结合，例如音乐舞蹈课程

中，当地三弦乐器、德钦锅庄都有所融合。

第三，两地小学学生突出问题对比。实体调查中，天祝长岭小学学生群体中，诸多个体智力低于正常值，通过走访得知，由于地处偏远，生活贫困，近亲结婚情况严重，导致很多适龄儿童智力出现问题。德钦第二小学由于当地风俗、早婚早育，离婚现象普遍，导致单亲家庭儿童、爷爷奶奶照顾儿童数量很多，这些孩子普遍心理较为脆弱，并且与其他学生合群度较低。天祝小学学生限于经济原因、现代化水平等，对外认知及物质渴望度较高，而德钦第二小学由于近些年，外在捐赠、政府投入多等原因，对外在认知以及物质渴望趋于均衡态势，不像长岭小学学生普遍渴望拥有衣物、鞋帽（调查期间，调查组将捐赠旧衣物进行发放）等生活用品，德钦第二小学已经开始接受天文望远镜、显微镜、校车等物质捐赠。学生在校园中的课外活动也远比长岭小学的丰富，例如，德钦小学学生已经借助壹基金捐赠的运动器材进行活动，而长岭小学依然停留在传统体育游戏水平。藏族特有宗教藏传佛教对学生的影响上看，德钦第二小学受影响程度远远大于长岭小学，笔者考察期间，德钦小学学生佩戴嘎乌（护身符）的学生十分普遍，儿童在行为举止上对其表现出敬畏，而长岭小学学生几乎没有受到宗教力的影响，访谈中也对此表现出陌生、无知态度。

第四编

丝绸之路·哲学

从《尚书·洪范》和《范畴》的对比分析

——基于后儒学和后现代评述

正如靳凤林所述："人是基于死亡意识而建构生存信念并使之外化为外化为文化创造活动的综合统一的历史性此在。"① 作为整个人类而言，在外化文化构建的历史维度中，中西方因其尊奉的本原不同，如同冯友兰先生所讲，所谓中国哲学有历史上的中国哲学，有经过当代学者整理后以中国哲学史形式出现的中国哲学。而秉承两希渊源的西方哲学，也演绎出了自身"元"型形态下的本体论、认识论、伦理学等形而上与实践层面双向度的学科裂变和思维演进。时至今日，恰恰是因为中西核心层面，根性"一"的差异性内在，使得两种路径下的哲人们构建、分化、运思，从想象界中导出了现实层级风格迥异的历史性哲学此在。

---

① 靳凤林：《死，而后生：死亡现象学视域中的生命伦理》[M]，北京：人民出版社，2005 年版。

一、《洪范》及后儒学

儒家学派从《洪范》皇极思想中导引出中庸之道，导引出孔夫子的九思五事，也有了儒学标榜的仁义礼智信。为"普天之下，莫非王土，率土之滨，莫非王臣"的泱泱中国定下了属于他的"元"调，也构建了中国特有血肉之躯和思维模式的"大写的人"。但是随后无数"小写的人"的出现，近似痴狂堪比发烧友的从思想内核中异延出面孔各异的树形体系，有了枝繁叶茂，也有了博大精深。从汉朝伏生、刘向为其《洪范》做传，隋唐萧吉、孔颖达为其《洪范》正义，无论是魏晋玄学异宗，宋明理学先哲，乾嘉学派大圣还是朴学遗老们，孜孜不已、穷尽一生的雕刻着《洪范》生下的儒学之蛋，孵化出足以满足中华之躯思维意识的刚性思想。

尊奉"儒学三期说"的牟宗三认为，儒家学术的第一阶段，是以心性之学为伊始，将内圣与外王并举，并由此奠定了传统儒学的基本框架和根部基元。而两汉强调了其对先秦儒学的继承性和容扩性，从儒学的机体上变异出了汉朝的特殊形态经学。所以先秦到东汉末年，包括先秦儒学和两汉经学视为儒学第一期。儒家学术发展的第二阶段是宋明理学。面对魏晋隋唐时期中国文化偏离传统儒家心性哲学主干这一现实层面的现象，学派杂陈理学大儒们对其进行了庖丁解牛式的纠正和复归。使儒家的道德心性学说重新回到了学术演进的正途。使得理学的本质意义得以匡正，儒家道德意识得到了全面深刻的复苏。儒家学术第三期的发展，有了熊十力、梁漱溟、冯友兰等开创的现代新儒学。打破了以往从原初向内折再向外辐射的"内圣外王"之道秩序，衍化成了直接向外寻找支援和同体性存在，然后再向里缝合、渗入构建内核，开凿出了外王的新界域。

作为后儒学代表人物的杜维明继续发挥了牟宗三关于儒学的三期说，提出了儒学第三期发展前景的设想。在他看来，从先秦到西汉是儒学发展的第一阶段，是雅斯贝尔斯称为"轴心"的时代，构成了哲学的突破，对人类处境之宇宙的本质产生了一种理性的认识，在社会中建立的哲学的苗床，并且暗涌有倾向性的思想驱动力，如艾森斯塔特所说，一种新类型的知识分子精英变得意识到按照某种超越眼界而积极建构世界的必要性。此种概念和眼界的成功的制度化，导致对于社会的内部轮廓形貌及其内部关系的广泛重新安排。而此种重新安排改变了历史的动力，并且导入了世界历史或世界诸历史的可能性。成为了世界几大文化圈体的共在。宋元明清是儒学发展的第二阶段，它的出现是对外来异族文化佛教缝合两者知识沟，渗入儒学内核的一记响亮回应，正如岛田虔次所指出的儒学成了整个东南亚文化圈的集体展现。而第三期儒学的发展则是对葛兰西所述的西方文化霸权侵入的持续反抗，杜维明认为21世纪儒学是否依然存在原动力，就在于能否在世界多个场域中产生效应，并适时回流故土中国，在其母体中重新生根，才能以康庄的姿态与自己的集体中国和魂。

李泽厚在其《己卯五说》中就牟宗三和继承者杜维明的观念，提出了自己的批评，他认为："三期说在表层上有两大偏误。一是以心性道德理论来概括儒学，失之片面……第二，正因为此，"三期说"抹杀荀学，特别抹杀以董仲舒为代表的汉代儒学。在他们看来，汉儒大谈"天人"，不谈"心性"，不属儒学"道统""神髓"。这一看法不

符合思想史事实。"① 而且"三期说"大都是纯学院式的深玄妙理，躲在故纸堆里的自圆其说，与外界大众产生着巨大沟壑，有所见离。秉承三期说的旗手以一种宗教式的自我修养，无法让儒学与自身合体，更无法推己及人。所以李泽厚基于诸多因素，提出了自己的新说。早在杜维明、汤一介在极力鼓吹"第二轴心时代"的时候，大巫李泽厚就鲜明地提出了一个"前轴心时代"概念。因为仅仅通过"轴心时代"这个概念本身去找轴心时代根源，简直就是痴心妄想，解决问题的关键必须向前回溯，自然引出一个前轴心时代的涉猎。于是李泽厚关于巫文化的研究，开辟了前轴心时代的疆域，成为了一代典范。针对势头强劲的"三期说"大巫李泽厚抛出了自己的"四期说"。他认为："我所谓的'四期'是认为孔、孟、荀为第一期，汉儒为第二期，宋明理学为第三期，现在或未来如要发展，则应为虽继承前三期、却又颇有不同特色的第四期。"② 而且这四期在其历史空间中展现出了连续性主脉下的差异："原典儒学（孔、孟、荀）的主题是'礼乐论'，基本范畴是礼、仁、忠、恕、敬、义、诚等等。当时个人尚未从原始群体中真正分化出来，但它奠定了'生为贵'、'天生百物人为贵'的中国人本主义的根基。第二期儒学（汉）的主题是'天人论'，基本范畴是阴阳、五行、感应、相应等等，极大开拓了人的外在视野和生存途径。但个人屈从、困促在这人造系统的封闭图式中。第三期儒学（宋明理学）主题是'心性论'基本范畴是理、气、心、性、天理人

① 李泽厚：《己卯五说》[M]，北京：中国电影出版社，1999年版，第2—31页。

② 李泽厚：《己卯五说》[M]，北京：中国电影出版社，1999年版，第2—31页。

欲、道心人心等等极大地高扬了人的伦理本体，但个人臣服在内心律令的束缚统治下，忽视了人的自然。那么，第四期的儒学主题，对我来说，则将是'人类学历史本体论'，其基本范畴将是自然人化、人自然化、积淀、情感、文化心理结构、两种道德、历史和伦理的二律背反等等。个人将第一次成为多元发展、充分实现自己的自由人。"①李泽厚这种基于外王实践层面和内生意识层面的双向二合一基元的理论，恰恰将个体性的此在从以自由的方式解放出来，并且凝缩为儒学的现代意义上的美善，拓扑出群性的自然潜能，重构儒学内圣外王之道，导引承续出儒学传统下的实用理性、乐感文化、一个世界、度的艺术的分化阐释。但是正如大巫所述，不是分三期、四期甚至十期的问题而是如何理解中国儒学传统的问题。原典儒学中就存在人本主义的元文化，汉代儒学却用人为的网状体系束缚了人性的自由，宋明理学接着用"内心律令"约束了人的欲化自由，压抑了个体意志的纯真。因此现代新儒学必须在继承原典儒学人本主义传统的基元上，革除以往儒学中抑制人自由的因素条框，在最大程度上实现人性压抑层面下的自由潜能。

后儒学的另一代表人物成中英，致力于如何在现代社会之中，将儒学精神从个体阐发，辐射到群性之中，形成巨大的修齐治平的合力。于是就有了成中英所谓的儒学发展五阶段说：第一个阶段指儒学发展的原初阶段，"以主体人格的内在要求"②达到仁之境以及天人之

---

① 李泽厚：《己卯五说》[M]，北京：中国电影出版社，1999 年版，第 2—31 页。

② 胡伟希：《中国哲学概论》[M]，北京：北京大学出版社，2005 年版，第 8 页。

通，从而建立人我关系，展现仁之附着的人道，达到形而上生命个体
与形而下现实层面的真正统一。第二个阶段指汉代儒学，走文本释解
和经义解读路线的汉朝试图从知识与言意两个层面建立知识树的上层
建筑。但是大儒董仲舒的技术性渗入使得儒学越发的谶纬畸形化。第
三个阶段为宋明新儒学，成中英认为宋明理学以本体论为基点，构建
了儒学的人性论和心性论，同时在深描天人之说之际努力建立儒学伦
理的形而上体系。作为第四个阶段的清代儒学，明末清初四大家（顾
炎武、黄宗羲、王夫之、颜元）深入地批判了宋明理学与心学的流
弊，力图为儒学建立起开放的本体宇宙观、历史哲学与务实的实践哲
学，但是考据盛行的时代，整理了庞杂的经典却失掉了务实的半壁江
山。第五阶段为当代新儒家，通过对中西两大哲学体系的梳理，完成
本民族政治、经济、文化三向度的整合与改造，确立儒学新时代的真
正发展。成中英自20世纪90年代初期开始提出了"新新儒学"的构
想，成为了儒学的一种新形态。而且成中英认为此形态"必须结合古
典性与现代性及后现代性，在肯定普遍主义的架构中对相对主义进行
探讨，在接受真实与现实的基础上对虚无主义及虚拟主义进行理解，
在发扬德性伦理的过程中对功利主义进行整合，重建融合异己与自我
的生活世界，而不局限于自我创建的理性世界。"① 真正地把重建儒家
纳入到人类文明的发展、人类和平方向中去，完成历史中儒学的真正
意义。

　　张君劢是最早公开发表批评科学主义或科学万能论的文字新儒

　　① 　成中英：《第五阶段儒学的发展与新新儒学的定位》[J]，《文史哲》，2002
年第5期。

学人物。在他看来科学就是到了无以复加的地步也是很难解决人的内在问题，包括情感、道德、伦理等等的此在以及终极意义。而解决人的问题，无论是个体存在还是群性此在依靠的就是人类传承积聚的自觉意识以及自由意志。科学再万能也有明显的界限，再有客观分析方法也只能停留在现象学的范畴中不能自拔，一旦深入到人内在超越的无限性时，科学往往就显得手足无措，一无是处。所以张君劢认为只有学行并重，知行合一，融合中西文化以及各科所长，从民族复兴的角度整理故纸堆，而不是像古人那样一头扎进去在文字里要生活，这样才可以避免去做那于民族复兴无补的考据。而儒学的继承与整理恰恰最为应该避免故纸堆的书虫姿态，因为在他看来儒学有四点独一无二。第一，儒学的道德价值体系，确立了天人关系中的人的本源性，也建构了人我之间的道德联系，这才是哲学家的首要研究目的。第二，以人有限性现实层面的向度建设，沟通无限性的形而上展现，两个层面的运作实际上就是为了形而上与形而下的真正沟通与并向发展。第三，儒学最大的贡献在于对人心的深入，无论周敦颐的无欲，朱熹的致知和专心还是王阳明的知行合一，这三个向度就是儒学控心术的最佳路径。最后，儒家朝闻道夕死可矣，卫道之风，为道之力，恰恰是一种孜孜以求的力行，也是人在有限时间中不可或缺的重要因素。正是因为儒学这四点要素，使得这一人类轴心时代出现的精粹，得以在西方文化大量涌入的今天，让国人人格之独立，学格之自由。

二、《范畴》及后现代哲学

与中国的大哲们一样，同样是轴心时代的古希腊，大哲亚里士多德在《范畴篇》中给出了西方世界第一个范畴表格，表格一出西方社会就被梦魇一般的十大范畴牢牢的定格在历史的维度之中。这十大范畴包括：实体，关系，数量，性质，时间，地点，主动，被动，姿态，状态。亚氏将十大范畴划分为第一实体和第二实体两类，并且认为只有第一实体才是真正的存在，这也被后来的哲圣们演化出了繁复杂陈的第一存在，逻各斯、单子、上帝等等。第二实体依附于第一实体而存在，因为"第一实体之所以更恰当地被称为实体，是因为它们是其他一切事物的基础，而一切其他事物或者被断言于它们，或者依存它们。"① 根据亚氏大哲的论述第一实体是绝对实体，是绝对主词，是绝对名词。

于是一个三向度联系的存在、思维、语言的直接同一，成为西方经久不衰的哲学演进史。从笛卡尔数学方法论得到的唯理论中，西方有了"我思故我在"的真理标准。莱布尼茨却从范畴中寻找到了单子，开始了间断性和连续性的生机论、神正论的讨论。百年不遇的集大成者康德掀起了哲学领域的哥白尼革命，于是一个庞大的立体体系出现在我们的视野之中，先验感性论、先验理性论、先验知性论、实践哲学，形而上与形而下在康德手里得到了高度精致的阐释。当黑格尔完成了辩证法、历史和认识论的统一时，我们的精神现象学领域出

---

① 亚里士多德：《工具论》[M]，广州：广东人民出版社，1984年版。

现了主观、客观、绝对精神的分化，黑格尔哲学体系告诉我们，真理就是全部，哲学毫无前提，实体与主体等同。

当西方大工业浪潮席卷全境之时，美国硬派学者米尔斯说，理性下的大工业扑面而来，知识分子紧接着被科层化，庸俗文化肆无忌惮的侵入我们早已秩序合理化得社会结构之中。我们在工业文明的流水线上被贴上标签，面孔高度一致的成为兜售的商品。于是，同样迷茫期间的哲学家们，开始像画家高更在纸醉金迷之后一样的询问自己：遵循逻各斯中心的理性实证下的精细化有序排列就那么至高无上、无法撼动吗？熵化酒神狄奥尼索斯式的非理性、无序就一定会带来灾难吗？后现代哲学家们呼之欲出，当所有的先贤们礼貌的在理性哲学大厦门前致敬徘徊的时候，后现代的暴徒们明目张胆的试图摧毁这悬置在人们面前根深蒂固的意义。

作为摧毁理性暴徒之一的福柯横空出世，这个光头佬在所有人都强调理性的时候，却具有洞察力的发掘那被理性历史遗忘的被压抑者，开辟了一条崭新的地平线，那些被理性边缘化甚至隔离的监狱和疯人院变成了福柯最坚实的反思阵地。在那里福柯惊奇地发现，人类已经对自己显然无法理解的事物做了人为理性化的编织，值得不屑的是那编织的符码深透着滑稽的转写，隐藏着权力巨大的阴谋。作为偏执偏见和狂热的消费思想的爆破手，这个同性恋者开始了向人类耻骨和下水道隐秘处进行搜索的工作。二十世纪七十年代，福柯在法兰西学院完成了《性史》的写作，于是我们从压抑已久的性意识中明白过来，我们无非就是繁殖劳动力的工具性劳力，龟缩在卧室的性以及户籍制度的建立，都是权力在幕后编织的谎言。1961 年 5 月 20 日，索尔邦的路易·利亚尔礼堂的答辩会上，福柯进行了自己令专家们尴尬

而又敬服不已的答辩。被导师们称作具有诗人气质的福柯，歇斯底里
的追问：科学话语真的能把握真理吗？可是握有话语权的科学却在历
史的行进之中，有效性的将探测仪延伸到了西方历史的心脏地带并且
大获全胜。但是那些可疑的科学，在权利效应和知识效应之间就不会
产生混乱吗？于是福柯开始了关于疯癫史的研究，因为他认为"在历
史中寻找疯癫史的零度，因为在那里，它是未经分化的经验，还没有
被分类所割据。"这种沉默考古学的构造就是为了让大多数的沉默者
说话，如同伊拉斯谟所发现的理性之中固有的疯癫性，帕斯卡尔所认
为的，人都是疯癫的，不发疯就意味着他要成为另一种形式的疯子。
疯癫史的关注最直接效果就是利用规训技术人为地将人划分为两类：
正常与非正常，正常成了理性的代言，非正常被隔离、边缘，被理性
牢牢的定格在圆形监狱之中，苟延残喘。可是福柯告诉了我们。我们
迷惑期间的意识遗忘了，疯子其实是理性的另一个自我，我们长久排
斥、拒绝的，恰恰是最不应该被压迫和消解的意义。

　　作为另一暴乱分子，被誉为解构主义之父的德里达坚决地认为，
他即使一直在学校却从未擅长在学校，学校的那扇大门总是让他有无
尽的厌恶感和生疏性。于是这个满头银发，从一而终反抗"逻各斯中
心主义"的家伙建构者自己的解构大厦。解构一词最初来自于海德格
尔的哲学体系。海德格尔呼唤一种存在之义的存在论，以此来终结西
方形而上学的传统路径，并用消解的概念，将一切现存的形而上学概
念提交给存在论的法庭进行最后的哲学审判。德里达盗取了海德格尔
的消解概念火种，剔除了浪漫悲情，淡化了基础存在论的使命感，将
消解转化为解构思想，建构出解构体系下的战争策略。从语言下手的
德里达认为西方哲学千年以来努力在寻找唯一的语言，用逻各斯照亮

思想世界。可是解构就是要确立语言的差异性，解除光的暴力，唤醒隐藏在深处的他者的语言和书写，于是异延、播撒、踪迹、擦抹这些解构主义的概念砖石拔地而起，远离真理源头，以游戏的方式向差异和他者敞开心扉。以此来真正避免唯一语言的暴力行为，让从语言中解放出来的书写超越文体、法则、体例，自由的书写大写者的自我。将解构批驳为恐怖主义杀手以及无聊学术游戏的批评家们，德里达居心叵测，甚至隐含着非道德主义的危害，德里达静心构建的解构大厦实际上是不可阅读，寓言式的绝境。但是这一切丝毫无法阻止德里达乐此不疲的解构意识和解构热情。晚年这个百病缠身的思想者显然从海德格尔那里回归了胡塞尔，进行了最为激进的现象学还原，因为在德里达看来世间形形色色的暴力行径，只有对其进行深刻的解构，才能恢复最初的民主。正如法国哲学家马利昂所述的纯粹给予性的还原，才能消除历史身体上过分的历史污浊沉积，从而暴露出人类体验的源始信息，给予人类以纯粹，也让解构承担理所应当的责任与承诺。

情景论者居伊·德波尔从马克思所谓的商品社会导引出了景观社会。在他看来二战之后的工业化进程突飞猛进的势头下，人们的生活实际上成了景观的无限积累，被五光十色的景观媒介包裹，鲜活的生活成了一种表征，制造着层出不穷的伪需要和欲望，使人们深陷在伪消费的泥沼中不能自拔。资产阶级的权利统治便在这些景观之中获得了持久的生机，并不断制造着更大数量和范围的景观压迫着最真实的存在。1976年后现代代表人物波德里亚在其《象征交换与死亡》一书中进一步发展了德波尔的理论，书中利用一系列类象、内爆和超真实代替了景观社会这一概念。致力于后现代研究的波德里亚在自己的

哲学体系中描述出了仿真概念的基本特征，文艺复兴以来，仿真异延出了三种秩序状态而且与价值规律的变化相联系：一、在古典时期社会主要以仿造形态存在，这一形态一直从文艺复兴持续到了工业革命时期，仿真秩序建立在价值的自然规律之上。二、工业时代社会以生产为主体构成了社会商品高度丰富的历史场域，仿真建立在价值的商品规律之上。三、后工业来临的现今，拟像就成为了当前阶段的最主要形态，符码化控制了这个阶段。仿真建立在了价值结构规律之上，以一种权力监察作用的实践模型向外不断辐射繁衍，符码的分解代替了中心的召唤，游说、受控的被动性发展成了直接建立主体，不停地自发回应、快感的反馈以及辐射接触组成的一种总体环境模式之中。商品的价值规律被符码的结构规律代替，生产已经无法再指涉任何东西，只能发挥输出或输入编码、符码的功能，仿真于是全面展现，宣告了马克思的终结也预示着索绪尔的价值解构的全面崩盘。一个以拟像为特征的历史时代向我们扑面而来。拟像在后工业社会之中无孔不入，它试图通过一系列的路径来打碎真实，以细节解构真实、用游戏折射真实、在封闭循环往复中分解真实、用形而上符号模型强制虚化真实。资本与支配它的社会之间丧失了契约，变成了一种巫术，在崇拜物的不断仿真中加强拟像，而拟像开始拥有虚伪和真实两面性，说它虚伪是因为它是想象和意识共谋产下的怪婴，而说它真实也只是拟像的产生成为了人们心中无法消除的真实偶像，成为了超真实存在。从某种意义上讲超真实不仅是一种意识形态的焦虑感，更是一种对社会控制技术的细致描述，因为超真实已经普遍成为了人们当下的日常形态和本能诉求的欲望反馈。

参考书目：

（1）靳凤林：《死，而后生：死亡现象学视域中的生命伦理》[M]，北京：人民出版社，2005 年版。

（2）李泽厚：《己卯五说》[M]，北京：中国电影出版社，1999 年版。

（3）胡伟希：《中国哲学概论》[M]，北京：北京大学出版社，2005 年版。

（4）亚里士多德；《工具论》[M]，广州：广东人民出版社，1984 年版。

（5）[法]弗朗索瓦·多斯：《从结构到解构法国 20 世纪思想主潮》[M]，季广茂译，北京：中央编译出版社。

（6）汪民安：《文化研究关键词》[M]，南京：凤凰出版传媒集团，江苏人民出版社，2007 年版。

（7）成中英：《第五阶段儒学的发展与新新儒学的定位》[J]，《文史哲》，2002 年第 5 期。

（8）金小方：《从儒学分期说看现代新儒学的走向》[J]，《学习与实践》，2007 年第 4 期。

（9）郑大华：《张君劢与现代新儒学》[J]，《天津社会科学》，2003 年第 4 期。

（10）郑桂芬、王晶：《当代新儒学的倡导者—杜维明》[J]，《东北农业大学学报》，2004 年第 2 期。

西方萨德思想的哲学主题研究

　　超现实主义艺术家曼·雷《想象的萨德肖像》作品中，显现出的癫狂具有色情的风格，又是介于神圣与污浊之间，具有排泄力量的冲击性爆发的风格。抹擦①风格之下所书写的是时间与空间维度的交互影射出的圣奥古斯丁式的污物惊叹，一个从不真实创造真实人类的潜意识需求，这种不真实的集体无意识曾猖獗一时，演绎着猖獗的巴士底狱式的人类反叛，展现着迷幻的不为别人所知的知性，以及陌生人的善性冲动和压抑所增扩的新的界域。作为力行实践，拥有僭越能力的萨德（Sadism）主体，其现实界域的角色符码不断指涉着 SM 真正的施虐者、色情文学的旷世奇才、精神分裂者、佩戴人格面具的贵族侯爵等富有差异性的标示分类。而作为思想源的萨德主体，无论是乔治·巴塔耶的《色情史》，还是米歇尔·福柯的《性史》；无论是鲍德里亚的象征交换

---

　　① ［法］雅克·德里达：《论文字学》，汪堂家译，上海：上海译文出版社，2015 年版，第 292 页。

理论，还是德里达异延思想。萨德的火焰让每一个有限的生理/物理意义上的个体，在面对无限空间的深远，在面对下等区域的压抑与折磨，面对"死亡的人化或生命化（the hunmannization of death）"[1] 时极力地寻找真实思维的突围，寻找那些无限热情变幻的不受束缚无法无天的天性与"向死而在"[2] 的时刻时，所有凝聚的契合点产生的裂变力量，将生命的有限性毫不吝啬的投放到一个更加丰富繁杂的可能性世界。

一、萨德之生

当拿迪安·阿尔风斯·法兰高斯·迪·萨德（Donatien Alphonse Francois, Marquis de Sade）这位出生于法国的贵族，本能的驾驭与超越者、情欲的释放体、无限"关心自己性欲望的满足"[3] 人士、色情文学的书写者、构建迷狂无序的哲人，正如文本符号可以观测这个复杂肉体的结构，却无法深探其精神视域的内质，仅仅因为上帝与整个现实世界的一次荒诞玩笑而被降生此在。萨德的童年经受着父权制度下的宠爱，却极度缺失母爱关怀，这使萨德"婴儿之未孩"[4] 的内在心理状态，混染上了父性角色的孤傲、圆滑以及放浪的色性。父权

---

① 段德智，《西方死亡哲学》，北京：北京大学出版社，2006 年版，第 213 页。
② 颜翔林，《死亡美学》，上海：上海人民出版社，2008 年版，第 4 页。
③ ［美］H 布洛克：《美学新解》，滕守尧译，沈阳：辽宁人民出版社，1987 年版，第 191 页。
④ 胡伟希：《中国哲学概论》，北京：北京大学出版社，2005 年版，第 99 页。

（Patriarchy）/男权（文明本身，都是男人一手制造的）[1]的侵凌使的萨德个体与空间集聚外化，在实在[2]界域，建立起一种自我极乐的坐标。于是萨德所崇拜的"菲勒斯"（阳物）的信念，令其极度藐视他者的生存权利，对所谓被"阉割"的第二性[3]——女人，最终被萨德个性虐待狂的激情、冷酷以及凶猛所吞噬与屡遭黑手。当尼采说出虐待母亲是合适的，荒诞与肆虐却在这个浸染着父性变态心理以及淫乱血液的男童身上生起效应。强烈的外折力，使得萨德疯狂地用皮鞭、绳索、咒骂、刀子甚至阳具，狄奥尼索斯式狂乱的向女人们施虐。福柯认为这种现象是比过去更普遍的实践[4]，因为性从萨德的暴君行为中，由本质的生殖分离成快感与欲望的追随，再将身体所有的部分变成性工具，使快感非性化向心领的谵妄状态，从而进行非理性的转变，转变成快感和痛苦的结合。正如萨德一样，人是一个整体而非一个集合，人向着自为的可能性去试图整合自身个体所欠缺的东西。萨德的欠缺是个体自由的绝对化，以及童年父性世界营造的刚性、勇猛、尊贵所匮乏的母性式的阴柔、同情、悲悯与爱的丧失。

萨德坚定地认为大自然创立了男人，就是为了让他们享尽地球上的欢乐，受害者活该倒霉，事情就是这样。在个人——他者的关系

---

① ［美］凯特·米利特（Kate Millett）：《性的政治》，钟良明译，北京：社会科学文献出版社，1999年版，第39页。

② 马元龙：《雅克·拉康语言维度中的精神分析》，北京：东方出版社，2006年版，第2页。

③ ［法］西蒙·波伏娃（Simone de Beauvoir）：《第二性》，李强选译，北京：西苑出版社，2004年版，第97页。

④ 李银河：《虐恋亚文化》，北京：今日中国出版社，1998年版，第1—3页。

上，萨德的存在，归于个人化的作为，而作为又是他施虐意向行为的凝聚，当沉淀已久的情愫，不能合理的释放或言寻求不到正常秩序中，有效性途径的疏导，将最终以一种迸裂式的急切，一种精神质过敏的警觉，一种病态的痉挛，导向从想象界直接通入现实界的真实体验。一种无限的抬升个人而又无限的贬值他者，并不类同于马索克式的受虐那样取消相对性，努力被他人超越，而是积极主动的努力，确立相对，超越这种虚幻的二元体验。正如德勒兹所言，施虐者即便身在梦中，也愿身在梦中①。这与柯丽菲亚②所理解的虐恋关键概念"幻想"如出一辙。萨德在自我迷醉的想象界经受着三层考验：一层活跃的施虐倾向；二层升华到实践的施虐行为本身；三层导向最终的施虐快感本身，享受一种决绝彻底的虚无。

如果第一次的入狱由于父亲的游说，以及自己的"歪理邪说"而逃脱惩罚的话，那第二次的极端行为，使萨德侯爵在 1772 年 6 月再次被捕，由此这位行迹浪荡、行为变态的角色与监狱结上了 27 年的缘分。岩石、铁栅栏、冰凉的铁链，监狱以更加冷酷和残忍禁锢着萨德。这使得这位昔日生活在自由戏剧中的角色，一夜间投放到了悲剧的舞台，一个四面拥有坚固牢房的剧场，如此的囚禁，萨德写道"从来我的血液，我的头脑，都无法忍受这样严密的囚禁。"③"监狱的世界

---

① 李银河：《虐恋亚文化》，北京：今日中国出版社，1998 年版，第 16 页。

② 本书编委会，《性典——中国性学报告（中）》"柯丽菲亚（PatCalifia）女同性恋者、女权主义者、虐恋者，美国西海岸虐恋第六篇虐恋亚文化社团的创始人。"西宁：青海人民出版社，1998 年版，第 1225 页。

③ ［法］萨德：《爱之诡计》，管震湖译，长春：时代文艺出版社，1998 年版，第 281 页。

是个完全密封的世界，封闭的严严实实的。"①"犯人完全被割断了与外界的联系，完全听任管理当局的摆布，绝对不可能提出任何合理的申诉。"②"除了个别机会，自由人永远不可能窥见监狱里的世界究竟是个什么样子。③"也许正如福柯所言："在萨德这里，性是没有任何规范或者是源于其自身本质，但是它服从于无限权力法规的，这一法则除了它自身之外不承认任何其他法则。"④ 性与禁锢所隐含的权利，通过萨德的遭遇再次相遇，并且产生强烈的博弈式背反。

二、文字镜像

无限权力的法则：萨德丧失了直接去超越和再次穿越瞬间极乐境域时，从现实界域退还到想象界域的快感，释放异化成了象征性的符号编码——文字。在肉体被禁锢的无奈之状下，通过文字萨德又一次将自己的无限法则推到了极致，将自己的快乐演化出一部部影响惊诧后世的旷世之作。从《贞洁的命运》到《艾琳与瓦尔库尔》再到《闺房的

---

① ［法］萨德：《爱之诡计》，管震湖译，长春：时代文艺出版社，1998 年版，第 281 页。

② ［法］萨德：《爱之诡计》，管震湖译，长春：时代文艺出版社，1998 年版，第 281 页。

③ ［法］萨德：《爱之诡计》，管震湖译，长春：时代文艺出版社，1998 年版，第 281 页。

④ 本书编委会，《性典—中国性学报告（中）》，西宁：青海人民出版社，1998 年版，第 1163 页。

哲学》，一些另类异样的文字就这样从萨德那只鹅毛笔上轻盈的流出。

> 罗丹再也无法自制了，从小木桶里面抄起一把荆条——荆条一直泡在醋里，更显得青翠，也就更具鞭笞的威力。他靠近受尽虐待的小妞儿，说道："来吧，准备好吧，得吃点苦头呢！"残忍的淫棍举起健壮有力的胳膊，荆条落下，鞭笞着呈现在他眼下的任意部位，先打 25 鞭，那娇红的细皮嫩肉顿时一片血肉模糊。
>
> 鞠丽不断嚎叫，一声声刺人的叫喊声裂着我的心。眼泪从遮眼布下流淌，美丽的脸颊上泪珠滚滚。罗丹只是更加癫狂了。他把双手再次放在被蹂躏的那些部位，使劲搓揉，又捏又掐，仿佛要他准备好再经受一次次袭击。果然，紧接着又来了！罗丹重新开始。每一鞭打下去，必定先破口大骂，不断威胁，不断责难……血流了下来。①

性、暴力、鞭笞、谩骂、金钱、道貌岸然……萨德的文字总是被作者推到常人无法忍受，而又无以言表相悖临界状态。虐行过程的工笔描绘，夸张怪诞的美学涵义，暗喻的大量运用、刻意的情节堆砌、颠三倒四的重复循环，这种由巴士底狱或文森监狱②的悄然沉寂中喷

---

① ［法］萨德：《贞洁的命运》，胡随译，长春：时代文艺出版社，1998 年版，第 129 页。

② 十七世纪，建筑师路易斯·勒沃为路易十四建造了国王塔楼和王后塔楼。文森城堡从此就成为皇室的第三处住宅。十八世纪，城堡被皇室废弃了。后来它成了生产文森瓷器（塞夫勒瓷器的前身）的工厂，后又成为国家监狱。萨德侯爵、米拉波侯爵、德尼·狄德罗侯爵都曾被关押在此。

射出的专横、粗暴的言辞文字。正如罗朗·巴尔特的陈述："他所确立的语言不是语言意义上的语言，不是交际的语言而是一种崭新的语言，被天然语言浸透的或者浸透天然语言的语言，但不能够根据文字的词义下定义的语言。"①最新的语言将填充一种空白，整个历史文化发展过程中的空白，它与噪音、与无奇的文字相隔离。萨德的语言所组合构建的文字符号，随着差异性的风格融入行文之中，体系化解为隐形的蓄意而为，小说叙述凝结为诡谲的浪漫情调，宗教化的祈祷比解为虚幻，而色情概念在整体的叙述构型中冲淡了色情本身。

　　无论是波德莱尔还是福楼拜，无论是加缪还是布朗肖，无数后起之秀们都称赞，甚至以宗教式的虔诚悦服于萨德的文字与面孔下。乔治·巴塔耶是无数萨德主义中最极端的一位。在对语言文字的质疑与批判中，乔治·巴塔耶始终遵循着萨德式的僭越能力以及生存法则。自然人的生存莫过兽性层面、理性（人性）层面、宗教层面。在兽性层面，动物依赖本能行事并完全受自然力的驱动与奴役，时刻受制于欲望的召唤。人异于动物在于以双重否定的形式，否定其身上的兽性又否定外在的自然界，而这样的否定又使兽性在兽性层面受人性的控制，同时人性亦开始一种分化，这种异延借助语言和理性的力量与之展开了一场否定性的较量，但是兽性真的可以屈服于人性控制，人性真的以绝对权利和绝对无限性来否定兽性规训，自然化的历史给予我们的答案：兽性这种强大的回溯与逆转力是无法强制的，否定只能带

---

　　① ［法］萨德：《萨德文集—爱之诡计萨，贞节的厄运，爱之罪》，张宗仁译，长春：时代文艺出版社，1998 年版，第 23 页。

来它力量的积累，人性的压抑使动物的兽性演变成人类的色情，色情是性的踪迹，一种被外力改造的性。它包含着人类的喜乐与不安，惊悚与战栗。

萨德类似宗教式的思想世界构建，远非救赎世俗的精神上帝产物，而是萨德用兽性和人性的混凝建构的，极具个人化内向力度的文字、语言以及自身决然体验出的现实界域象征面孔。萨德正是在这样一个苦难不息，自身又穿刺不断地过程化中，用语言构建境遇，表达了在试图冲破人性本能各种限制而苍白无力之时的虚无，萨德用仅剩的文字完成了一种瞬间的穿刺与再穿刺的直接循环式排泄。文字的穿刺或仅仅穿刺，表现了以符号化方式透露出的人性脆弱性，这种脆弱以抗衡欲望而显示人的软弱。萨德自身苦难与欲望的双重折磨，成为自我文字符号构建的温床，而萨德将文字从沉睡之中唤醒，成为自由的创作主体，以癫疯的外在形式淋漓尽致的编制欲望世界。萨德语言符号的建构以及对自我有限性的限制穿刺显现出，在意识到限制的同时跨越，或者瞬间跨越"面前的墙"[1]，存在哲学逻辑上的可能性。萨德的文字符码输入，以行动的技术展开并与之形成多维的符码输出"表现场域"[2]，在揭示恶的同时导致一种超道

---

① ［法］萨德：《爱之诡计》，管震湖译，长春：时代文艺出版社，1998 年版，第 281 页。

② 场域：皮埃尔·布迪厄（Pierre Bourdieu）场域理论：定义为位置间客观关系的一网络或一个形构，这些位置是经过客观限定的。不能理解为被一定边界物包围的领地，也不等同于一般的领域，而是在其中有内含力量的、有生气的、有潜力的存在。场域的自主化过程。自主化实际上是指某个场域摆脱其他场域的限制和影响，在发展的过程中体现出自己固有的本质。

德和反道德规训的存在，这种存在将引导更多的人，将内心经验看做权威，并开始如同德勒兹一样的思想褶皱[1]，依靠人的思维动力，把外界事物主体化，建构私有化的宗教式媒介语言世界。

勒维纳斯在确立他者之维的面孔时认为，语言与面孔一起出场，建立他者语言面孔"去言说就是去打破我们作为一个主体和一个主人的存在"[2]萨德在不断的采用向内折的思维方式，将外在体验主体化，而后又再一次将主体化"面孔表现自身"[3]用"面孔讲话"[4]，使得"面孔即身体、瞥视、言说和思想的非隐喻一体"[5]化，最终以符号编码的方式呈现，确立一种他者具有潜在声音的面孔。"当他者的面容在我面前和我之上出现时，它不是一种我可以将其纳入我自身的表象领域的外观。的确，他者由于其面容而现身，但面容不是一个景观，而是一种声音"[6]隐藏声音的主体化权威，则通过自我确立的这副面孔的回答来承担责任：首先萨德的语言面孔保持着一种精神化"他异性"（不类同

---

[1]　褶皱：法国哲学家吉尔·德勒兹哲学体系核心概念褶皱：代表身与心形成褶皱，两者不断折叠、展开、重折，构成一个褶皱式的双重世界。体现在语言文化方面意指方言、媒介语、参照语（文化与感觉的源）、神话语言（文化视域中的精神宗教再辖域化）属性的变动不居，强调具有差异哲学和流变思维性质的逃逸，代表一种解辖域化与再解辖域化的特征。注释：辖域化概念指既定、现存、固化的疆域以及疆域之间明确的边界。

[2]　Emmanuel Levinas：《*The Transcendence of Words*》, P. 149.

[3]　Emmanuel Levinas：《*The Transcendence of Words*》, P. 51.

[4]　Emmanuel Levinas：《*The Transcendence of Words*》, P. 66.

[5]　Jacques Derrida：《*Writing and Dillerenc'e*》, p. 115.

[6]　Paul Ricoeur：《*Oneself as Another, trans*》. Chicago University Press, 1992, P. 336.

于现实体验中的实践萨德）他异性不是差异，是一种超越情势①、是奇异性不是压制的奇异性，意味着他异性是萨德现实界不可消解的义务，奇异性美学②下的附着着萨德超现实的有序需求权力。第二，面孔是一种需求，处于弱势地位的内在外在双重的尊严式的媒介沟通，面孔需要现实界活生生的萨德，不断地去给予情势构建，使其更加丰富独立为需求集合原素的位置持存（place—holder）③。第三，如勒维纳斯所说，面孔不是一种力量，它是一种权威，权威常常是没有力量的。这种权威性来自萨德所遵从的"个人化上帝"，与自己所构文字的对话，回答是萨德接近"个体化上帝"的唯一途径，也是唯一能让主体化萨德和另一副萨德面孔，同时保持持续权威，持续快感的权威。第四，主体化萨德的精神隐射而得到权威的树立。主体化是暴君式的强势萨德，面孔是拓影后的暴君式的萨德面孔。萨德的面孔与色情、情欲等同，他的面孔的价值和人格负载，是以欲望的书写作为中介，表现这张面孔所涵括的无限性，无限的辐射向历史、社会、不同的时代与阶层领域，展示出欲望本身的真实，抵抗有限性自在的真实。

---

① 情势：法国哲学家阿兰·巴丢核心概念，情势为显性结构存在特征，包含两个多元性质：断裂的多元和连续多元。

② 奇异性美学：美国著名马克思主义理论家弗雷德里克·杰姆逊《奇异性美学》概念，后现代美学的最大特征是它的空间性，从现代到后现代的转变即是空间对时间取得了绝对优势，时间向空间俯首称臣。抛弃了根植于现代主义作品中的深度时间意识，只着迷于空间，形成了掠夺空间、叙述空间和表演空间的一套美学意识形态。

③ 位置持存（place—holder）：阿兰·巴丢概念，代表一种可任意书写的空集，在一切相关集合中的位置标示与命名。

三、人性之维

莫里斯·布朗肖认为"在将色情狂囚禁在与绝路的普通人和从绝路中觅到出口的色情之间，还是后者对状况的真实性和逻辑性了解得更加透彻，他有最深刻的理解力能够帮助普通人改变一切理解的条件来帮助他理解自身"[1]这一观点集中性的代表了乔治·巴塔耶、福柯、德勒兹、伽塔里等人。萨德的存在，正是在于具有可能性的帮助人类更透彻的通过性本身，去认识本我以及个体外在的无限性。如果说弗洛伊德、荣格他们"只是在我们个人和集体生活的人门前礼貌的徘徊了一下，那么萨德却兴高采烈地摧毁了全部私人与公共的大厦，并宣称那些碎砖乱瓦才是我们真正唯一应得的命运。"[2]人类的这一应得命运从人类以动物形态出现便是开始，原始社会的人认为性交时神予以人的快乐，而性交后的倦怠又是神的惩罚，是性从一开始便具有一种让人敬畏的力量，而"阳物崇拜"正好印证了人对男根的羡慕与膜拜。圣经第四十六章道：所有随雅各到埃及的人，凡从他的生殖器中出来，有六十六人。原始人类的崇拜与敬畏，并不仅仅是在体验，在经受大自然考验后的一种单纯快乐释放，而是还包含着延续性的繁殖。婚姻制度的建立，使性从原始的乱婚中突解出来，不仅带来了父权社会的来临，重要的是带来了旁系交合的婚配。于是乱伦禁忌成为

---

① ［法］乔治·巴塔耶（Georges Bataille）：《色情史》，刘晖译，北京：商务印书馆，2003年版，第1页。

② ［法］勒韦尔著：《萨德大传》，郑达华、徐燕宁译，北京：中国社会科学出版社，2002年版，第1页。

确立，一夫一妻成为现实，如列维·斯特劳斯观点："禁忌的出现对近亲的放弃——禁止接受属于自己的东西的人的保留——决定了与动物的贪婪对立的人的态度。因此人从动物到了人的转化。然而生产力的发展使性成为上层阶级的掠夺对象，性在很大程度上被限制阶级本身肆意纵欲，纵欲本身构成了淫欲横流世风日下，于是出现了古罗马淫乱下的灭亡。"①

性文学的兴起与发展是社会制度、阶级趣向、文化趋势、经济状况等诸多因素的交互影响下的产物。由于宗教方面、法律方面、往往还有医学方面的舆论，性爱和色情文学的科学价值正在逐渐地被意识到性的现象，永远的使人类感兴趣，并且与性冲动有关的行为很早就出现在文学作品和绘画中。从《圣经》的某些章节到奥维德的《爱经》，从印度的《欲经》，到古代中国的《素女经》《易经》，再到古代日本的《房内医心方》。众多书籍大量涉及展开对性的叙述与描写。十四世纪，意大利的薄伽丘一马当先吹响文艺复兴时代性文学的号角，十七世纪后，英法诸国的作家哲人，在性领域的耕耘已经呈现出井喷现象。

在乔治·巴塔耶《色情史》一书中，巴塔耶开始了色情对精神世界的侵入式思考，色情世界与思想世界最初的不和谐表明，遭到拒绝的世界与高贵的权利相互隔离，但这种隔离略显暧昧，正是这种暧昧，使受诅咒的领域与可理解的人类，保持距离又互相补充。在巴塔耶将性行为放在一个具体而坚实的总体性范围内进行体验时，我们

---

① ［法］乔治·巴塔耶（Georges Bataille）:《色情史》，刘晖译，北京：商务印书馆，2003 年版，第 27 页。

惊奇地发现，这个总体性中：色情世界与理智思想互相补充，地位平等。而萨特与巴塔耶不谋而合的观念一样认为，借助一种极端的厌恶，即便不把色情置于无意义的境地，至少置于一个压抑的世界里，借助罪恶感的缺乏。认识到人的此在，对精神世界的思考是无法摆脱色情，色情更符合传统思想，传统思想却一反常态建立在对色情的藐视之上。于是在人类世界中极富革命性与深刻性的色情，开始了它的第一次计谋：对婚姻的颠覆。色情不需要一对一的承诺与坚守，任何的禁忌与制约开始在它面前软弱无力，人类自以为禁忌，可以使人否定兽性，可是限制的技术，使人类突变出另一种诡异的基因：色情。使我们处在一种两难的境地，我们想要的是让我们精疲力竭，并让我们的生活处于危险之中的东西，因为我们可以从他者的身上唤起与自己欲望相同的另一种欲望，两种欲望的结合，使我们甘愿在险峻中获取快感。色情的第二次预谋：踏在违反道德欲望上。使我们明白色情是道德的不可告人的反面，如巴塔耶所述："从根本上说，他丝毫不被禁止。它服从于各种限制，但是这些限制保留了一个可能的广阔地带。"[①] 萨德的出现就是在这广阔地带开始营建自己的孤独，冒犯上天以及颠覆世俗规训。作为魔鬼的化身的颠覆者，萨德的性具有两个对立的特征，他嫉妒上帝亦无法承认上帝的优先权，这种非奴役性使萨德构建自己的上帝之城、自然的效力"那就是，我们越觉得行为可怕，越违反我们的习俗和风尚，越粉碎枷锁，越动摇我们的社会约定俗成的规则，越有损于我们所认为的自然法则，那就正好相反，越有

---

① ［法］乔治·巴塔耶（Georges Bataille）：《色情史》，刘晖译，北京：商务印书馆，2003年版，第71页。

利于自然本身。正是通过罪恶，大自然索回道德从它不断强夺去的权利。如果罪恶较轻，与美德脱离不远，重建大自然不可或缺的平衡就越慢，而越是重大的罪行，就越能使砝码均衡，就越能抵消美德的控制力，否则，美德就会摧毁一切。因此，反复思量罪行的人，或者刚刚犯下罪行的人，不必畏惧，他的罪恶越波及广泛，就越能为大自然效力。"[1]

　　整个萨德的城堡充满暴力、裸体、血腥、嚎叫与呻吟，欲望同主体的个性、历史与身份紧密地联系在一起，这种密切打破了身份的界限，使主体自己形成了感觉的系谱或自我心灵的上帝。萨德的性开始极具冲击力的确立了色情真正的含义：兽性的爆发以及横行恣肆，这不再是纯粹的性欲，而恰恰是以纯粹否定的方式出现的色情。这种色情暴露着它们隐含的被改造性。萨德的极端行为昭示了人类抵抗本身兽性的有限性，人无法坚决否定兽性，表征上的限制内心的欲望放射，使性走向了更为极端的敌视选择。其二，萨德用性在极力构筑两个空间世界，一个运动，生机勃勃的世界；一个凝固，死气沉沉的世界，而两者的分离物——色情，成为萨德发现的一种穿梭媒介，正是这一切使萨德任意的穿行了痛苦与快乐之间。金西性学研究所的格伯治德（PaulGebhard）所述"虐恋不是一种病理现象而是一种文化为根源的现象，这一文化是在统治与屈服的基础上运作而攻击性是受社会赞赏的价值。"[2]萨德的性是价值的体现，这种体现通过具体的实践与抽象的精神共建的。这种性并非纯粹排泄而是人之本性自然个体的

---

[1]　［法］萨德：《贞洁的厄运》，胡随译，时代文艺出版社，1998 年版，第 281 页。

[2]　李银河：《虐恋亚文化》，北京：今日中国出版社，1998 年版，第 164 页。

欲望迸发，并朝向反方向运行的一种回溯，这种回溯的无节制，创造着真正世界秩序，也是人类利益现实的承担以及功利化世俗最为突出的代表。其三，布朗肖坚持认为，萨德的思想的基本特征是对性伙伴生活的最默然的否定。而萨德的行为法则是建立在绝对孤独的首要现实上，自我孤独的诞生，自我悄然的消亡，一个人与另一个个体无任何关系。萨德在不断自我变化中反复诉说，将享受的罪恶条件，悖论的宣告为一个经过自己实践，理论并行实践论证的真理，尽管他的真理极富个体化，所持有的极端态度本身并不让人轻易接受，但是这种极端在历史中屡见不鲜。性虐待狂世界的中心，借助一种莫大的否定体现着自主权的需求。这种独立主体化自主的时刻就是彻底的淡漠，不仅使激情升华，更重要的是这种方式带来的幸福感，比人性弱点提供的快感强上千百倍。实际上萨德的色情不处于历史的边缘，它成重要历史的构成，而萨德狂暴的反对上帝观念，他的深刻思想体系以及对孤立人的否定，正是成为我们人类历史中的关键，这种关键便是对权力最直接的呐喊与反抗。

四、权力解构

萨德厌恶的"小人化"的监狱，怀疑的窥测囚室的狱卒，二十七年的封闭与隔绝，萨德全面展开对上帝存在的藐视笑容，他的后续者们反对死刑、反对监狱、反对独裁、反对宗教，对存在权力的一切抵触，使萨德成为法国自由的化身和先行实践者。萨德个体主义的自由权利书写，成为人类历史对自由本性的辩护词，揭露了人类性格中的一个普遍性，只有伪善和清教徒才会拒绝承认的特征；同样萨德帮助我们了认知了我们自身。了解那些令我们窒息的权利，在历史中蠢蠢欲动设计阴谋。西方文明发展并生的权力，在西方整个历史中经历了大的三个权力运作期：第一阶段古希腊时期，当时的人类关心自身的利益及权利，是自然的天性生成，并且未将自身引领到主体的首要地位，而是自然的关心自身的肉体和精神欲求，对于自己不做强制性的限制，所以色情在古希腊是福柯所说的对爱的反思艺术。第二阶段基督教时代：这个时代基督教和修道院以及权力机构，采用禁欲的方式约束个人身体方面的欲望要求，并且以神的名义，将这种人为技术上的禁忌，扩展到社会阶层的整个网际中形成一种神圣化的潜网效应。第三阶段近代社会：这是福柯的主体自我形成的实践开始到来的时代，而这种到来的血液中隐含着从第二阶段带来的细胞与动力基因。萨德的适时出现是在上述第二阶段中，上层统治阶层以极大地掠夺性和侵凌性，对"性"进行技术改造式侵入。这种侵凌性是以侵凌的意图，对肉体约束的形象而体现在被侵凌的受体上的。所表现出的权力并不是社会结构中，单纯主体驱使亚系统主体的单向度权力，亦不是双向度思考与集体力量与社会安排，形成的具有"函数"特征的三向度权力。而是福柯一直言说的，将权力扩展到整个社会网系中与知识话语、道德行为、人身规训相连的多向权力本身。

暴力机关的强制与宗教力量神秘合谋，将潜在的规训，深深地钉入到每一个社会的肌体上，从十八世纪开始，生命变成了权力的一个对象，也就是说生命和身体都成了权力监管控制的他者。权力机构不再满足于辖制一方地理空间，而是涉及一个将规训混入期间的集合

体。这个集合体的复杂性，就在于有关性的技术政策和宗教施行的道德构建上，并且巧妙的落实到一个核心点。这个关键点就是以性为核心，通过性的技术改造，血腥暴力的权力形式被注入新鲜的规训劝导机体中，再通过对个体"性"的监视与控制，权力机构可以保障人力的不断再生产又可以随意的改变出生与死亡。"性"成为解释政治学和生物政治学的交接点，也成为规训和法规的衔接点。这个交接点拥有隐蔽性和伪善性，也成为德勒兹和加塔里所述的训练欲望机器的技术核心概念。欲望机器原本是由工作器官、无器官躯体和器官连接组成。上层阶级或言权力阶级将人定性为一部机器，社会成为机器的集合体，通过对欲望这个原动力的驱使以及欲望机器自身的受压抑，来为这个社会获取被权力阶级占有的财富与力量。在十八世纪的基督教世界，我们看到的不仅仅是哈贝马斯所述的三种统治的技术。即：使人们可能生产、改变和支配各物的技术、使我们可能使用控制的符号象征系统的技术、使人们有可能决定每个人的行动方式，规定行动者某些行动目标的技术。更重要的是这种技术发展成了一种支配权力者自身身体、心理思维甚至人格态度的权力隐性之网。

而萨德给予了诸多反权力者的思考，开始了权力以及权力技术的反叛，两者表现出"向内"和"向外"双重路线构建的。外向：萨德表现出的是以极端的性行为，虐恋来对禁忌的对象解构，通过对施虐对象的粗暴、鞭笞、刀割来使自身"主体化"的权力，达到极度的拔高与凝塑，从而达到使性成为权力关系一个特别的浓缩点，发出对压抑以及压抑释放者的极大呻吟，达到与权力阶层甚至超越权力阶层的快感。并且萨德用文字生成的客体世界，以极大的冲击力来摧毁一切的限制本身，再以唤醒力量，召唤个体的欲望，达到破坏与建设共度的此在，并以此让性成为了解释一切事物的关键视域。内向：萨德的色情使丧失的快感，从规训中解放出来，成为一种自然逃避权力困扰的技术，并使自身成为主体，拥有主体的权力。而萨德所建立的"欲望之城"同样运用内折的思维方式，建立起一个新的理论体系以及自我权力的神位，让"上帝"的虚无与伪善充分暴露。其反叛权力的思想，使密不透风的权力网际形成一条，足以让人领悟与觉察的缺口，亦正是这样的缺口，使得萨德思想在"内向"的折叠中趋向无限，这种无限从某一层面上便是死亡的代言。

五、向死而在

"性与死亡的条件，又互相渗透。性隐含着死亡。这不仅是通过性才能使新的性和新的生命产生出来，只有通过性才能取代死去的东西。而且还因为只有通过性才能使不断更新的生命过程运转起来。通过性的游戏，通过性的活动的蔓延，各个孤立的自我才能遭到否定。"[①]腐烂、尸体、流血、恐惧，萨德在自己的性游戏中高声赞扬死亡，正如他兴高采烈地说出，毁灭就是首先的自然法则之一，毁灭者的一切都不是罪恶。他总是将恶、欲望、死亡在小说中刻意设置又让其恶意循环。也许加缪所认为的面对哲学的一切只有一个严肃的问题那就是自杀，那么萨德面对自身的有限，面对外在的无限，

---

① Bataille Q1954（1943）：1947A

面对色情，面对权力也只有一个严肃的问题——死亡。"人是基于死亡意识而构建生存信念，并使之外化为文化创造活动综合的统一的历史此在。"① 这个此在是一个永恒的死亡逻辑，这个逻辑揭示了人一生的隐藏符码。在巴塔耶看来，无非是人类在寻求从性、恶、死亡的相互困扰中得以解脱，人生所经历的始终是渗透着恶的种种苦难，恶彻底地将人推到死亡边缘，彻底地与有限决裂，使得死亡具有了超验性，死亡成为唯一的生命阐释，成为生命个体向自在本体的唯一复归路径，萨德用自我之思来构建超验本体的世界，而历史上的宗教则以神之名，将超验性存在和本体化自在，付之高阁定义为信仰。但是相同的是，超验性本体，使生命不因死亡而终结于存在，归于彻底的虚无。而是赋予死亡隐秘解释的"有"，这种"有"是萨德的生与死比此在现世更圆满的有。②

死亡是生命本能的一部分，是人此在中极富极端神秘性的现实展现，因为它以不存在的形式，而渗透到本来的已经不存在的生命中，个体化的人的存在，是无法自身直接体验陈述死亡的，陈述死亡就代表着个体自身的消亡。巴塔耶在《色情史》中的认识，禁忌的自然领域不仅是性欲和污秽的领域，也是死亡的领域，因为禁忌有它自身双重制阀，禁止谋杀，限制死尸接触。③ 于是我们看到性与死的纠缠，

① 靳凤林：《死，而后生：死亡现象学视阈中的生存理论》，北京：人民出版社，2005 年版，第 321 页。

② Cf. Jacques Choron, Death and Western Thought,（New York：Collier, 1963）P. 18.

③ ［法］乔治·巴塔耶（Georges Bataille）：《色情史》，刘晖译，北京：商务印书馆，2003 年版，第 15—37 页。

死亡的意识是自我意识的异延，自我意识需要死亡意识的动力因素。在两者的相互之中"性"成为一种显在的纽带。死亡的确一方面从根本上摧毁肉体的存在；一方面死亡经历着人的生命，人在死亡的那一瞬间弥留"中阴"状态，人开始从战栗的吸引中摆脱，开始脱离自我意识，变成悬浮的空间，在空白的自我中充斥恐惧和欣喜、悲悯与喜乐，如同性和欲望诉求的满足带给人的强烈触动一样，死亡的瞬间让个体在绚烂中得到极大的满足，在满足中驶向终结肉体存在的可能。

死亡是一道通向可能性世界的大门，也是一种荒谬的存在，死亡不断的开闭大门，正因为如此死亡是一种最高贵的奢侈，萨德的性在萨德看来，就是开启死亡终极体验大门的必备钥匙，这把钥匙存在两极性：一极性是萨德亲身此在的经历，如勒维纳斯的说法，此在有一种自我归属，一种自我的把度，在已然在于世的荒淫与纵欲变态中达到诉求着自我神性的共在；另一极是萨德的文字以及文字的象征，法国人类学家菲利普·阿里耶斯指出，文学、哲学始终不停地谈论死亡。[1] 萨德并未将死亡直接的在文字中显现，而是将死亡的隐喻，深刻重复性的在自己构筑的语言剧场中象征性表达出来。正如《论西方死亡史》一书中的记述，强调死亡问题是最普遍和最公众的实际问题，同时也是人对于自身和他人生命的关切的一切结果。[2] 萨德不仅是在单纯的强调，在向他们诉言死亡本身就是构成历史文化的部分，重要的是在这种死亡的给予与接受中表明，死亡原

---

[1] ［法］菲利普·阿里耶斯：《面对死亡的人》，吴泓缈、冯悦等译，北京：商务印书馆，2015 年版。

[2] Ph. 阿里耶斯：《论西方的死亡史》（ *Essai SHF l'histoire de la Igtorl en Occident. Le Seuil 1975* ）。

始浓厚的自然性。因为死亡这种特殊的"不在"不是个体的特殊的
"缺席"，而是在交换中获取社会外在空间的联系。最终于在 1814 年
12 月 2 日，萨德死在了沙朗通精神病医院，并不是如克尔凯郭尔所
述的死是一无所有，萨德用死亡获得了人类精神私处的优先权，看
到了人类最私密的耻骨。萨德对于死人以及自身的死的一切，永远
成为了他自身真相最为价值的牺牲品，这个真相的荒诞性、神秘性、
回溯性以及罪孽的状态本身离开了上帝，结晶成自身身上的热情而
关切人类、关切永恒、关切无限。

结　语

　　行走尖峰边缘的萨德，充满人性逆反的文字和亲自力行的极端行
为，这种用于对上帝、上帝的权力以及自身抵抗世俗权力的付出，最
终使萨德走向死亡，于是文字对死亡的迷恋与昭示成为自身思想的一
种影射。但历史在空间的延续中，传承着物质与精神的萨德，正是这
个萨德警戒与引导的人类开拓另一个世界的能力，这个能力是技术理
性中逐渐丧失的价值与激情，于是我们在如是的指导中获取了对人性
的认识、自我隐性分析、死亡面对以及欲望关注的自省能力，这种能
力在之后的历史中成为后哲学时代，不可或缺的思维环节以及至关重
要的思想动力源泉。